이　와　나　미　0　1　8

르포
트럼프 왕국

―어째서 트럼프인가―

가나리 류이치 지음 | **김진희** 옮김

일러두기

1. 등장인물의 연령과 직책은 기본적으로 저자의 취재 당시 시점에 따른 것이다.
2. 등장인물 중에는 개인 정보 보호를 위해 성은 생략하고 이름만 표기한 경우가 있다.
3. 본서에서 '백인'이라고 한 경우 '히스패닉과 라틴계를 제외한 백인'의 데이터를 사용했다.
4. 환율은 '1달러=1,125원'을 기준으로 하였다.
5. 어려운 용어는 독자의 이해를 돕기 위해 주석을 달았다. 역자 주 외에는 모두 저자의 주석이다.

    *용어
    예) 정치적 올바름political correctness(사회정치적으로 공정·공평·중립적이며 비차별적인 언동을 하는 것-역자 주)

머리말

 이민자와 여성, 신체장애자, 이슬람교도에게 모욕적인 언동을 반복해온 사업가 도널드 트럼프Donald John Trump(70)가 전 세계 많은 사람의 예상을 뒤엎고 미국 제45대 대통령으로 당선됐다.

 선거 기간 내내 대다수 외국인은 '트럼프가 왜 이렇게 강력하지?' 하고 고개를 갸웃거렸다.

 그것은 뉴욕New York 주재 기자인 나도 마찬가지였다. 2015~2016년 미국 대통령 선거 취재는 이해할 수 없는 일의 연속이었다. 이것이 솔직한 감상이다.

 이들 물음에 대한 답은 뉴욕을 비롯한 대도시에서 취재해서는 전혀 알 수가 없었다.

 예를 들어 뉴욕 브롱크스Bronx의 어느 바에서 후보자 토론회 관전 파티가 열렸다. 당시 인기가 가장 많던 트럼프를 지지하는 사람과 지지하지 않는 사람, 쌍방을 취재하려고 했는데 끝내 지지자를 한 명도 찾지 못했다. 트럼프라면 질색을 하거나 비웃는 사람뿐이었다. 트럼프가 발언할 때마다 바에서는 실소가 터져 나왔다. 수도 워싱턴Washington에 있는 동료도 트럼프 지지자를 취재하고 싶은데 근방에서는 좀처럼 찾을 수가 없어 고생 중이라고 했다.

선거가 끝난 지금에 와서는 그것도 이해가 된다. 본선에서 트럼프의 득표율은 뉴욕 맨해튼Manhattan에서 10%, 브롱크스에서 9.6%, 브루클린Brooklyn에서 17.9%였고, 수도 워싱턴에서는 4.1%였다. 서해안 대도시도 마찬가지로 샌프란시스코San Francisco에서 9.4%, 로스앤젤레스Los Angeles에서 23.4%였다. 결과론이지만 이렇게 적으니 찾기 힘들 수밖에 없었던 것이다.

대도시는 트럼프를 거부했다.

하지만 전미 지도를 펼쳐놓고 보면 공화당 후보자를 한 명으로 좁히는 예비선거에서 트럼프가 압도적인 승리를 거둔 '트럼프 왕국'이 여러 곳이라는 것을 알 수 있다. 대부분은 지방이다. '여기에 가면 답을 찾을 수 있을지도 모르겠다!' 나는 이번 대통령 선거의 최대 의문에 대한 답을 찾기 위해 2015년 12월부터 해당 지역을 왕래하기 시작했다. 산간의 술집, 식당, 이발소, 때로는 가정을 방문해 트럼프 지지자의 목소리에 귀를 기울였다.

오바마Barack Obama의 '체인지'에 기대했던 전 민주당 지지자와 실업자, 약물의 만연을 두려워하는 사람, 여러 개의 일을 동시에 하고 있는 사람, 성실하게 일하는데도 삶이 전혀 나아지지 않는 현실에 불안을 느끼는 사람 등 대부분 내일의 삶과 자녀의 장래를 걱정하는 근면한 미국인이었다. 거기에는 평소의 취재로는 볼 수도 없었고, 보이지도 않았던, 또 하나의 미국, '트럼프 왕국'이 펼쳐져 있었다.

1년 동안 취재한 메모를 정리해보니 '트럼프 왕국' 이외의 지역까지 포함해 총 14주州를 취재했음을 알 수 있었다. 우리가 자주 접하는 뉴욕과 수도 워싱턴, 로스앤젤레스, 샌프란시스코 등 대도시와는 다른, 전혀 멋지지 않은 미국에 관한 기록……. 본서에서는 뉴욕 특파원 기자가 바라본 '또 하나의 미국'에 관해 보고하고자 한다.

본서의 구성에 대해 설명하기에 앞서 두 장의 전미 지도를 비교해보겠다.

2016년 대통령 선거와 앞선 2012년 선거 결과를 표기한 지도이다. 지난번에는 공화당 후보(미트 롬니Willard Mitt Romney)가 패배했는데, 이번에는 트럼프가 승리를 거둔 총 6개의 주가 있다. 구체적으로 말해 오하이오주Ohio, 펜실베이니아주Pennsylvania, 위스콘신주Wisconsin, 미시간주Michigan, 아이오와주Iowa, 플로리다주Florida이다.

이 6주 가운데 5주에는 공통점이 있다.

플로리다주를 제외한 5주는 오대호 주변의 일명 '러스트벨트rust belt(녹슨 공업지대)' 지역에 전체 혹은 부분적으로 포함된다는 것이다. 종래형 제철업과 제조업이 발달한 곳으로 고졸 블루칼라 노동자가 괜찮은 급료를 받아 두터운 중류 계급을 형성하고 있던 지역이었다. 중후장대重厚長大 산업의 집약지로 '올드 이코노미'의 현장이라고 할 수 있다. 러스트rust는 녹슬었다는 의미이다.

러스트벨트 노동자는 일반적으로 노동조합에 소속되어 민주당을 지지하는 경향이 짙다. 그들에게 "애초에 민주

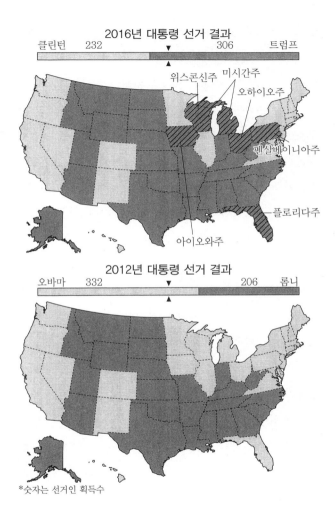

2016년 대통령 선거 결과

클린턴 232 306 트럼프

위스콘신주 미시간주
오하이오주
펜실베이니아주
플로리다주
아이오와주

2012년 대통령 선거 결과

오바마 332 206 롬니

*숫자는 선거인 획득수

당을 지지하게 된 이유가 뭡니까?"라고 물은들 "그런 생각
은 해본 적도 없다", "이 지역에서 나고 자란 사람은 다 민
주당 지지자다"란 답변이 돌아올 뿐이다.

　일대는 민주당을 상징하는 컬러가 파란색이라 곧잘 '블
루 스테이트(파란색 주)'라고 불렸다. 트럼프는 이들 파란색
주를 공화당을 상징하는 빨간색으로 물들였다. 트럼프는
전문가의 예상을 뒤엎고 러스트벨트에 해당하는 주에서
연승을 거둠으로써 제45대 대통령의 자리에 앉았다. 이곳
이 2016년 미국 대통령 선거의 진원지(지도의 사선 부분)이다.

　나는 투표일로부터 약 1년 전인 2015년 12월부터 이 '러
스트벨트(오하이오주 주변)' 지역을 취재하기 시작했다. 제1장
에서는 러스트벨트 도시들에서 일어났던 '이변'을 해당 지
역 공화당 위원장의 시점에서 묘사하고, 이변을 일으킨
노동자의 생각과 생활상을 전하겠다. 제2장에서는 러스
트벨트를 상징하는 도시 영스타운Youngstown 사람들의 목
소리를 소개하겠다. 제3장에서는 러스트벨트의 젊은이
(마음이 젊은 사람도 포함)에 초점을 맞추고, 제4장에서는 '중류 계

8

급에서 하류계급으로 몰락할지 모른다'는 불안을 안고 있는 러스트벨트 안팎 사람들의 모습을 살펴보겠다. 제5장에서는 빈곤의 대명사로 일컬어지는 애팔래치아Appalachia 지방의 산간 마을을 방문하겠다. 최근에는 공화당 색채가 강해 접전조차 벌어지지 않았기 때문에 미디어도 주목하지 않았지만 트럼프가 압승을 거둔 곳이다.

제6장에서는 또 다른 선풍을 일으킨 자칭 '민주사회주의자' 버니 샌더스Bernie Sanders 상원위원(74)이 펼친 운동과 그 지지자를 소개하겠다. 이번 대통령 선거의 키워드인 '반反기득권층Establishment' 풍조를 설명함에 있어서 공화당뿐 아니라 민주당 측에서 일어난 선풍도 소개하는 것이 유의미하겠다고 생각되기 때문이다.

제7장에서는 현장 취재한 내용을 바탕으로 고찰을 했다. 사회부에서 교육과 노동을 테마로 취재해온 내게 러스트벨트 사람들의 고민은 일본 사람들의 고민과 맞닿아 있는 것처럼 보였다. 세계화가 진행 중인 세계의 선진국 중류 계급이란 공통점이 있기 때문이다. 트럼프 대통령을 탄생시킨 지지자는 결코 우리로서는 이해할 수 없는 타인

이 아니다.

그럼 지난 1년간의 취재 기록에 관한 보고를 시작하겠다.

목차

기자가 겪은 '트럼프 왕국'

2015년 11월~2016년 11월

인 =인구(명)　　　실 =실업률(%)　　　$ =가계 소득의 중앙값($)

빈 =빈곤율(%)　　　백 =백인 비율(%. 히스패닉과 라틴계는 제외)

대 =25세 이상 중에서 대졸 이상이 차지하는 비율(%)

예비선거=공화당 예비선거·당원 집회 결과(%)　　본선=본선 결과(%)
*예비선거 결과는 1위와 2위만 표기. 득표율은 정치 뉴스 사이트 '플리티코
Politico'에서 인용.

*밑줄은 시읍면 단위의 데이터가 아니라 시읍면을 포함하는 카운티郡(County)
의 수치를 사용하여 표기함.

전미 (2016년 대통령 선거)

인 321,418,820　실 4.9　$ 53,889　빈 13.5　백 61.6　대 29.8

클린턴　232　　　▼　　　306　트럼프
　　　　　　　　　▲

① 워소Wausau(위스콘신주)

② 노바이Novi(미시간주)

③ 워런Warren(오하이오주 트럼불카운티)

　인 40,245　실 6.0　$ 29,376　빈 35.0　백 66.6　대 11.8
　예비선거　트럼프 52.6 / 케이식 34.1
　본선　　　트럼프 51.2 / 클린턴 44.8

④ 지라드Girard(오하이오주 트럼불카운티)

　인 9,599　실 6.0　$ 38,771　빈 18.5　백 91.8　대 19.2
　예비선거　트럼프 52.6 / 케이식 34.1
　본선　　　트럼프 51.2 / 클린턴 44.8

⑤ 영스타운Youngstown(오하이오주 마호닝카운티)

　인 64,628　실 5.8　$ 24,133　빈 38.3　백 43.2　대 11.7
　예비선거　트럼프 50.6 / 케이식 37.4
　본선　　　클린턴 49.8 / 트럼프 46.8

⑥ 그린빌Greenville(펜실베이니아주)

⑦ 모네센Monessen(펜실베이니아주 웨스트모얼랜드카운티)

　인 7,483　실 5.6　$ 35,447　빈 17.8　백 79.6　대 16.3
　예비선거　트럼프 62.1 / 크루즈 20.2
　본선　　　트럼프 64.1 / 클린턴 32.7

⑧ 사우샘프턴Souhampton(뉴욕주 서퍽카운티)

　인 58,254　실 4.2　$ 79,799　빈 8.1　백 72.5　대 37.5
　예비선거　트럼프 72.5 / 케이식 18.5
　본선　　　트럼프 52.5 / 클린턴 44.3

⑨ 샤론Sharon(펜실베이니아주 머서카운티)

인 13,562 　 실 6.0 　 $ 30,720 　 빈 24.5 　 백 79.6 　 대 19.0

예비선거 　 트럼프 55.4 / 케이식 22.2

본선 　 트럼프 60.6 / 클린턴 35.6

⑩ 코넬스빌Connellsville(펜실베이니아주 파이에트카운티)

인 7,515 　 실 7.5 　 $ 29,560 　 빈 27.3 　 백 92.7 　 대 12.7

예비선거 　 트럼프 69.7 / 크루즈18.1

본선 　 트럼프 64.4 / 클린턴 33.4

⑪ 아이네즈Inez(켄터키주 마틴카운티)

인 약 700 　 실 8.0 　 $ 25,795 　 빈 40.6 　 백 88.3 　 대 6.5

예비선거 　 트럼프 60.1 / 크루즈 20.5

본선 　 트럼프 88.6 / 클린턴 9.2

⑫ 폴리스아일랜드Pawleys Island(사우스캐롤라이나주)

⑬ 시더래피즈Cedar Rapids(아이오와주)

⑭ 보카레이턴Boca Raton(플로리다주 팜비치카운티)

인 93,235 　 실 5.1 　 $ 70,638 　 빈 10.0 　 백 79.1 　 대 52.3

예비선거 　 트럼프 52.1 / 루비오 24.3

본선 　 클린턴 56.5 / 트럼프 41.2

⑮ 워털루Waterloo(아이오와주)

⑯ 보몬트Beaumont(텍사스주)

프롤로그
—— 유력한 우승 후보는 트럼프

'미국을 구하자! 트럼프에게 투표하자!'라고 쓰인
전 민주당원이 만든 간판(오하이오주)

트럼프 담당 기자의 예언

2015년 11월 14일 텍사스주Texas 보몬트Beaumont에서 처음으로 트럼프 집회를 현장 취재했다. 이듬해 11월의 투개표일까지 정확하게 1년이 남은 시점이었다.

애써 아침 5시 비행기를 타고 뉴욕에서 출발했는데 기재 트러블이 발생해 대폭으로 지연되어 도착했다. 원래 예정대로라면 트럼프 연설이 막 시작됐을 시간이었다. 서두르지 않았다간 여기까지 온 의미가 없어질 판이었다.

나는 비행기에서 뛰어내렸다. 그런데 똑같은 승객이 한 명 더 있었다.

미국 거대 미디어의 트럼프 담당 기자였다. 거대 미디어는 각 후보자의 동향을 대통령 선거 1년 전부터 좇고 있었다. 그중 한 명이 같은 비행기에 타고 있었던 것이다.

우리 둘 다 배낭 하나만 멘 가벼운 차림이었다. 눈치로 동업자란 것을 알 수 있었다. 저쪽에서 먼저 말을 걸어왔다.

"못 보던 얼굴인데? 트럼프 집회에 가나?"

"네. 트럼프 집회는 처음입니다. 택시로 집회장까지 가려고요."

"이런 촌구석 공항에 택시가 대기하고 있을 리 없잖아? 불러도 후딱 안 온다고."

공항 출구를 향해 전력 질주하며 이런 대화를 나누었다.

"실은 아직 미국 운전면허증도 없어서, 자동차 렌트도 못 해요."

"그럼 태워줄게! 따라와!"

말투는 거칠었지만 친절한 기자였다.

핸들을 잡은 그의 운전은 더욱 거칠었다. 텍사스주의 농촌 길. 아무리 빨리 달려도 부딪칠 만한 것은 거의 없었다. 그래도 좀 무서웠다.

상공으로 헬리콥터가 지나갔다. "트럼프 (관계자) 헬기다! 집회도 시작이 지연되고 있는 모양이로군. 서두르면 시간 맞추어 도착할 수 있겠어!"

후보자의 동향을 매일 좇는 담당 기자쯤 되면 헬기도 분간할 수 있는 모양이다. 척 보기에도 아까보다 더 신나 보였고, 더욱 세게 액셀을 밟기 시작했다.

핸들을 쥔 채 담당 기자가 내게 물었다. "왜 일본 기자가 트럼프 집회엘 가지?", "유난히 미국에서 인기가 많길래 이참에 봐두려고."

트럼프는 당초 17명이 난립했던 공화당 예비선거에서 지지율 1위였다. 2015년 7월에 1위로 급부상했고 그 후로 그 자리를 거의 계속 유지했다.

"그래서 트럼프에 대해 솔직히 어떻게 생각해?" 담당 기자가 묻기에 솔직하게 대답했다.

"아무 말이나 막 해서 볼 때는 재미있어요. 근데 미국 지식인과 미디어가 지적하는 바와 같이 연내 인기가 떨어져 선거전에서 낙선할 거라고 봐요."

솔직하게 말했다 담당 기자에게 비웃음을 샀다.

"넌 정말 아무것도 모르는구나?"

그는 이때부터 조언을 해주었다. 그의 말은 전부 맞아떨어졌다. 지금에 와선 그저 감사할 따름이다.

"트럼프가 유세하는 장소를 지도에 표기해본 적이 있나? 없지?"

확실히 없다. 정곡이다.

"유세하는 곳은 거의 시골이야. 가령 도회지 근처라고 해도 집회 장소는 교외지. 그는 지방을 꼼꼼히 돌고 있어. 자신의 호소가 어디 사는 사람에게 먹힐지를 알고 있다는 증거야. 대도회지, 특히 수도 워싱턴과 네가 사는 뉴욕에 반항심이 강한 동네지."

담당 기자는 액셀을 세게 밟으며 말을 이었다.

"내가 단언하는데 트럼프가 공화당 정식 후보가 된다. 내년 당대회 전에 결정 날걸? 왜 이렇게 말할 수 있는지 알아? 집회 규모가 다르고, 지지자의 열기가 달라. 다른 후보자 집회하고는 비교가 안 돼. 넌 어느 후보자가 유력 하다고 생각하지?"

나는 쿠바계의 젊은 후보, 상원위원 마르코 루비오Marco Antonio Rubio(44)의 이름을 말했다. 소수파의 증가로 한층 다 양화되고 있는 미국 사회에서 가난한 쿠바 이민자의 아들 이 대통령을 꿈꾸는, 그야말로 '아메리칸 드림' 그 자체인 루비오의 스토리를 사회는 환영할 것이다. 그렇게 이유를 설명했다.

그러자 담당 기자는 "루비오도 나쁘지 않은 후보자지. 그밖에도 유력한 후보자가 있지만, 그들의 집회는 트럼프하고는 비교가 안 될 만큼 규모가 작아. 트럼프 집회에는 지금까지 선거에 관심 따위 없었던 사람도 많이 와. 오늘 집회에 가보면 너도 깜짝 놀랄 거야."

이날 집회가 열리는 '포드 파크 아레나' 회장에 겨우 도착했다. 넓은 주차장은 지지자의 자동차로 거의 꽉 차 있었다. 담당 기자는 자동차를 주차장 끝에 세웠다.

"빨리 내려. 문 잠가야 하니까. 그럼 또 기회 되면 보자고."

담당 기자는 그렇게 말하고 회장으로 뛰어갔다. 나도 필사적으로 뒤를 쫓았다.

트럼프다움 100%

입구에서는 경비를 엄중하게 하고 있었다. 일안 리플렉스 카메라도 진짜 카메라인지 아닌지를 확인하기 위해 "바닥을 향해 카메라 셔터를 눌러봐!"라고 지시했다. 총기를 카메라로 가장해 반입하는 것을 막기 위함이라고 했다.

짐 검사를 마치고 회장에 들어갔다. 트럼프의 연설은 중반으로 접어든 상태였다. 회장이 넓어 만석은 아니었지만 열기가 엄청났다. 일반석에 앉아 사진을 찍었다. 먼저 중앙 연설대에 서 있는 트럼프를 촬영하고 그다음 도취된 지지자 쪽으로 카메라를 돌렸다.

거의 백인이었다.

인구 통계에 따르면 보몬트는 백인(약 35%)보다 흑인(약 47%)이 많다. 하지만 둘러봤을 때 회장에서 흑인 및 히스

텍사스주 보몬트에서 열린 트럼프 집회에 온
지지자 대다수는 백인이었다

패닉계 등 소수민족의 모습은 거의 눈에 띄지 않았다.

트럼프의 연설은 TV로 볼 때보다 훨씬 박력이 넘쳤다. 회장 분위기가 그렇게 느끼게 하는 듯했다.

"내가 어렸을 때 미국은 패배 따위 한 적이 없습니다! 지금은 전쟁이든 뭐든 이기질 못해, 허구헌날 집니다. (과격파 조직) '이슬람국가IS'도 쳐부수지 못합니다. 저라면 이깁니다! 믿어주십시오! 시간도 질질 끌지 않을 겁니다. 왜냐하면 빨리 돌아와서 이 나라를 재건하지 않으면 안 되기 때문입니다!"

어떻게 대처해야 할지 몰라 전 세계가 고심하고 있는 과격파 문제를 순식간에 해결하겠다고 단언했다. 당시부터 "믿어주십시오!"란 말을 남발했는데 상식적으로 생각해서 어떻게 믿겠는가.

그래도 큰 몸짓과 거친 말투의 연설에 지지자는 몰입했고 웃었고 환희에 들떴다. 구사하는 영어도 간단했다. 과연 듣던 대로 '초등학생 수준의 영어'였다.

"전 아주 괜찮은 사람입니다. 날 싫어하는 사람도 날 지지하거든요. 제가 진짜로 유능하기 때문이에요. 전 똑똑해서 믿을 수 없을 만큼 멋지게 기업도 성장시켰습니다."

"TV를 보면 내가 여론 조사에서 1위를 했는데도 '대체 언제쯤 트럼프가 레이스에서 내려올까요?'란 소리를 하는 인간이 있습니다. 내 참! 전 절대로 물러나지 않을 거예요. 여러분, 우리가 승리할 겁니다!"

트럼프다움이 대폭발했다.

스스로 '천재다', '머리가 정말로 좋다', '괜찮은 사람이다'라고 진지한 표정으로 반복해서 말했지만, 많은 사람이 "트럼프가 또 저 소릴 하네"라며 가볍게 받아넘길 뿐 신기할 정도로 불쾌하게 받아들이지 않았다. 이는 그의 가장 큰 무기 중 하나이다. 정치인에게 있어서 사람들이 자신의 말을 불쾌하게 받아들이지 않는다는 것은 상당히 큰 강점이다.

그리고 자신을 비판하는 익명의 사람들을 철저하게 폄하했다.

이날의 타겟은 보수파에게 영향력이 있는 칼럼니스트 조지 윌George Will이었다. 그가 지금껏 펼친 선거 예측은 하나같이 빗나갔다고 주장하며 "평론가 따위는 눈곱만큼도 가치가 없다!"고 딱 잘라 말했다. 워싱턴포스트The Washington Post에서 40년간 줄곧 칼럼을 썼으며 퓰리처상까지 수상한 언론계 거물을 향한 비판에 지지자는 크게 환호했다.

화제는 금방금방 바뀌었다. 파리의 테러 사건, 시리아 이민자에 대한 경계심, 흉악 범죄, 여론 조사 결과 자랑, 실제 실업률은 25%라는 주장, 오바마 비판…….

물론 간판 정책인 멕시코 국경선 장벽 건설에 대해서도 강조했다.

"장벽을 만들 거예요. 아주 크고 아름다운 장벽이 될 겁니다. 언젠가 여러분이 '더 트럼프 월The Trump Wall(트럼프 장벽)'이라고 부르는 날이 오지 않을까요? 이민자는 합법적으로 들어오게 될 겁니다. 그게 우리가 바라는 거죠. 지금 국내에 불법 체류하고 있는 사람들은 (국외로) 나가야 합니다."

그가 말할 때마다 지지자는 자리에서 일어나 함성을 질렀다. 높이 쳐든 플랜카드에는 이렇게 적혀 있었다.

'사일렌트 마조리티Silent Majority(침묵하는 다수)는 트럼프를

지지자의 플랜카드에는
'침묵하는 다수는 트럼프를 지지한다!'라고 쓰여 있다

지지한다!'

침묵하는 다수가 토로한 불만

트럼프 집회 후 회장 밖에서 지지자에게 말을 거니 봇물 터지듯 불만을 토로하기 시작했다. 대부분 일상생활과 관련된 불만이었다. 본인들의 경험에 뿌리를 두고 있는 만큼 무척 심각했다.

교사 출신 마릴린 맥윌리엄스(59)가 제일 먼저 '장벽'에 대한 열렬한 지지를 표명했다.

"트럼프가 장벽을 건설해줄 거야. 그의 주장은 직설적이라서 좋아. (보수계) 폭스 뉴스FOX News Channel를 통해 늘 트럼프를 보고 있는데 보면 볼수록 마음에 들어. 미국 땅이 이렇게 넓은데 그가 우리 도시에 와줬다는 게 기뻐. 텍사스는 불법 이민자 문제가 심각한 곳이라서 와준 것 같아."

"도시에서 스페인어가 당연시되고 있다는 사실에 소름이 끼쳐. 여긴 미국이라고!"라며 분개하기도 했다. "식료품점에 진열된 상품에 스페인어 표기가 늘고 있을 뿐 아니라 어쩔 땐 스페인어 표기가 영어 표기보다 더 크다는 게 마음에 안 들어."

마릴린 클램프(56)도 취재에 응했다.

"그는 정치적 올바름political correctness(사회정치적으로 공정 · 공평 · 중립적이며 비차별적인 언동을 하는 것-역자 주) 문제로 비판받기를 두려워하지 않아. 무척 강인해. 경영자로서 여태까지 매일같이 판단과 결정을 내려야 했겠지. 그런 경험이 풍부한 지도자가 이 나라에는 필요해"라고 말했다. 여기까지는 트럼프에 대한 긍정적인 평가라고 할 수 있다.

그런데 이후로는 사회에 대한 불만 일색이었다.

"국경을 지키지 않으면 국가가 붕괴돼. 불법 이민자의 유입을 막아야 해. 우린 그들에게 너무 많은 자유와 돈을 주고 말았어. 복지에 의존하게 돼서 그 무게에 미국은 침몰하기 직전이야. 세금을 내는 사람은 점점 줄고 집 소파에서 대낮부터 TV를 보는 사람이 늘면 끝장 아닌가? 그들의 푸드스탬프(정부가 빈곤층에게 발행하는 식료배급권)를 뒷받침하는 건 일하는 우리 미국인이라고. 그들은 궁핍에서 벗어날 일시적 방편으로서가 아니라, 복지에 의존하는 것을 라이프 스타일로 삼고 있고 평생 그렇게 살려고 해. 도저히 용납할 수 없어."

엄마 마릴린의 말을 듣고 딸 리디아 브라운(23)도 자기 생각을 말해주었다.

"요즘은 스페인어밖에 안 들려요. 우리 동네 비더Vidor는 작은 도시인데도 어딜 가든 스페인어 천지야. 정말로 최근 5년 만에 급변해서 '지금 내가 어느 나라에 있는 거지? 정말 여기가 미국인가?' 하는 생각이 들어요."

"지난번에는 샴푸를 샀는데 샴푸 통에 설명이 스페인어로 쓰여 있더라고요. 그 밑에 영어가 쓰여 있고. '이건 아니지!'란 말이 절로 나왔죠."

앞서 취재한 전직 교사 마릴린 맥윌리엄스와 완벽하게 똑같은 이유로 분개하고 있었다. 나는 리디아에게 "하지만 그들도 영어를 배우는 중이 아닐까요?"라고 물었다.

리디아는 "전혀 그렇지 않아요. 우리가 그들한테 영어로 말을 걸면 노골적으로 불쾌해하는걸. 가끔은 화를 내는 사람도 있어요. 그들의 권리 의식이 너무 높아서 기가 막힐 지경이라니까요"라고 대답했다.

마릴린은 "최근에 그들은 권리를 요구하며 거리 행진을 하기에 이르렀어. 수도 워싱턴에서도 권리 확대 퍼레이드 중이야. 적당히 좀 했으면 좋겠어. 평범한 정치인에게 맡겼다간 나라가 파탄 날 거야. 문제를 있는 그대로 두려워하지 않고 지적하는 트럼프가 대통령이 되면 나라를 다시 일으켜줄 거라고 생각해."

취재 분위기가 무르익자 이를 눈치채고 여러 사람이 다가와 주었다.

전직 국경경비대원 웨이드(55)도 자기 생각을 들어달라고 했다. 옆 동네 루이지애나주Louisiana 뉴올리언스New Orleans에서 편도 4시간을 들여 트럼프 집회에 왔다고 했다.

"난 내 눈으로 직접 봐왔어. 국경은 구멍투성이야. 여태까지 정치인들은 보고도 못 본 척했어. 트럼프가 드디어 쟁점화시켜준 거지. 뚫려 있는 구멍으로 불법 이민자가 들어와 미국에 자리 잡고 사는 지경이야. 지금까지 미국은 불법 이민자 대책에 막대한 국비를 투입해왔어. 그 자금이 있으면 틀림없이 우리 삶은 훨씬 좋아질 거야"라고 흥분하며 말했다.

텍사스주 럼버턴lumberton에 거주하는 전기기사 견습생 벤자민 스미스(35)도 트럼프 지지자 대다수와 같은 의견을 강조했다.

"지금 정치인은 하나같이 의심스러워. 그 대표가 힐러리 클린턴Hillary Clinton이야. (국무장관 당시 공무에 개인 메일 주소를 썼던 문제에 대해) 모든 메일을 조사 당국에 제출했다고 했지만 그 후 또 다른 메일이 발견됐어. 신용할 수 없어. 하지만 트럼프는 전부 본심이야. 그가 하는 말은 그가 정말로 생각하는 바야. 때로 말이 지나칠 때도 있지만 그것까지 포함해서 미워할 수 없는 사람이야."

이 도시에서 사람들이 가장 많이 지지하는 것은 트럼프의 '장벽'이었다. 벤자민도 "보통 정치인은 그런 얘기를 하지 않지만 이 일대에선 많은 사람들이 하고 있는 생각이야. 장벽을 건설하고 불법 체류 멕시코인을 쫓아내면 우리에게 일자리가 돌아올 거야! 일을 되찾을 수 있다고!"

말투까지 트럼프랑 비슷했다.

"당신은 모르겠지만 여기에는 정말로 불법 이민자가 많아. 그리고 우리 사회보장제도를 이용해 정부로부터 흡혈귀처럼 돈을 빨아먹지."

연설 회장에서 계속해서 지지자가 빠져나왔다. 그 모습을 보며 벤자민이 말했다.

"다들 트럼프를 정말로 좋아해. 그중에는 불법 이민자에게 가족을 살해당한 사람도 있어. 불법으로 미국에서 체류하고 있는 사람이 사회에 부담을 주는 건 잘못된 거야. 텍사스 사람들은 이 나라 정치인이 계속 이상한 짓만 하면 진심으로 미국에서 독립하겠다고 주장할걸? 트럼프가 대통령이 되지 않으면 텍사스를 독립국으로 만들기 위해 운동을 벌일 생각이야."

'왕국'을 쫓다

트럼프 지지자를 인터뷰하는 일은 꽤 피곤한 일이다. 5명의 이야기를 듣고 나면 주저앉고 싶어진다. 왜냐하면 정치에 대한 기대와 희망이 아니라 불만을 잔뜩 듣는 취재가 되기 때문이다.

지지자의 공통점은 트럼프 주장의 실현 가능성과 정책 세부 사항 등은 신경 쓰지 않고 큰 메시지에만 공명한다는 것이다.

사실오인과 과장도 많다.

"불법 이민자 4,600만 명" 등 잘못된 수치를 말하는 사람도 있다. 실제로는 1,100~1,200만 명이다. 불법 체류 이민자는 소비세는 물론이고 절반은 소득세도 납부하고 있다. 사회보장청SSA의 보험계리인은 "보조금 수령을 기대할 수 없는데도 불법 체류 이민자는 보험료를 납부하고 있고 지불액 추정 금액은 연간 150억 달러(약 16조 8,000억 원)에 이른다. 310만 명으로 추정되는 그들의 납부가 없다면 사회보장시스템은 만성적인 예산 부족에 빠질 것이다"라고 CNN 인터뷰에서 말했다(2014년 11월).

하지만 지지자가 토로하는 불만에는 각각 구체적인 경험에 근거하고 있는 것이 많다. 오랜 세월 동안 축적된 불만이라고 할 수 있다. 그것을 트럼프라는 아웃사이더 대통령 후보가 소리 높여 주장해주고 있는 것이다.

이 텍사스 취재를 계기로 나는 트럼프 지지자를 본격적으로 취재하기로 결심했다. 딱 본선 1년 전이었다. 트럼프가 이기든 지든 주목할 만한 사회 현상임에 틀림없다고 판단했기 때문이다.

다만 매번 텍사스주를 왔다 갔다 할 수는 없었다. 내가 사는 뉴욕에서 너무 멀리 떨어져 있다. 그래서 일찍이 번성했던 제철업과 제조업이 쇠퇴해 실업률이 높고 젊은 인구의 유출이 극심한 오대호 주변의 '러스트벨트(녹슨 공업지대)' 지역을 주요 취재 대상으로 선정했다.

　이유는 세 가지였다.

　① '러스트벨트'는 뉴욕에서 비교적 가깝다. 펜실베이니아주도 바로 옆에 있고 오하이오주도 자동차로 편도 약 7시간이면 갈 수 있다. 조금이라도 더 심도 깊게 취재하기 위해서는 지리적 조건이 유리하지 않으면 안 된다.

　② 트럼프는 입후보 당시부터 제조업의 해외 유출 등을 이유로 자유무역협정FTA 비판에 힘을 쏟았다. '러스트벨트'의 표를 진심으로 노리고 있음이 확실하다.

　③ 오하이오주는 최근 대통령 선거에서 매번 열쇠를 쥐고 있었다. 오하이오를 제압하는 자가 전미를 제압한다. 오하이오에서 패하고도 대통령이 된 것은 1960년에 케네디John Fitzgerald Kennedy가 마지막이다. 물론 2000년과 2004년에는 공화당 후보 부시George Walker Bush가, 2008년과 2012년에는 민주당 후보 오바마가 승리를 거두었다. 즉 어느 쪽 당 후

보든 이길 가능성이 있음을 의미한다.

'유동성이 있는 주Swing state'라고 불리는 곳으로, 종반이 되면 양당 후보가 유세에 힘을 쏟는다. 열쇠를 움켜쥔 주를 충분히 취재하고 싶었다.

직접 다녀보면 분명 무언가 보일 것이다.

그런 기대를 갖고 특히 오하이오주와 펜실베이니아주를 자주 방문했다. 그리고 시간적인 여유가 되면 애팔래치아 산맥에 위치한 도시들과 여타 지역에까지 취재하러 갔다.

제일 먼저 이번 대통령 선거를 상징하는 도시를 소개하겠다. 과거 40년간 줄곧 민주당 후보가 대승을 거두었는데 공화당 후보 트럼프가 판세를 뒤엎은 지역이다.

그곳에서 '전대미문'의 이변이 일어났다.

제1장
'전대미문'이 일어난
노동자의 도시

러스트벨트의 정경(오하이오주 트럼불카운티)

폭언을 반복해온 공화당 후보 도널드 트럼프가 많은 사람의 예상을 뒤엎고 제45대 대통령의 자리에 올랐다.

왜 이런 일이 일어난 걸까.

승리할 수 있었던 것은 오대호 주변의 러스트벨트(녹슨 공업지대)에서 연승을 거두었기 때문이다. 일찍이 번성했던 종래형 제철업과 제조업이 쇠퇴한 곳으로, 현재도 블루칼라 노동자가 많은 지역이다.

그중 하나인 오하이오주 트럼불카운티Trumbull County에서는 지금까지 민주당 후보가 큰 격차로 승리하는 경우가 많았는데 이번에 트럼프가 40년 만에 처음으로 선거전을 뒤엎었다. 나는 2016년 3월부터 트럼불카운티를 자주 방문하며 '이변'을 취재했다. 제1장에서는 이런 일은 '전대미문'이라며 놀라는 지역 공화당 간부의 이야기와 이번 역전극을 뒷받침한 트럼프 지지 노동자들의 생각을 전하겠다.

러스트벨트 공화당 위원장의 증언(예비선거 직후)

펜실베이니아주와 접하고 있는 오하이오주 동부의 트

럼불카운티는 트럼프의 승리를 상징하는 러스트벨트 지역이다. 트럼불카운티의 공화당 위원장 랜디 로(55)를 처음으로 만난 것은 2016년 3월 25일 오후였다. 트럼불카운티의 지라드Girard란 도시의 어느 카페에서였다.

오하이오주에서는 이미 10일 전에 공화당 예비선거가 끝난 상태였다. 공화당 정식 후보를 결정하는 레이스였다. 오하이오주에서는 현직 지사 존 케이식John Richard Kasich(64)이 입후보했다. 주 전체에서는 주지사가 1위를 차지했고 트럼프가 2위를 했다.

이것만 놓고 보면 '트럼프 왕국'이 아니라고 할 수 있다. 하지만 선거 결과를 카운티별로 분석하면 흥미로운 사실을 알 수 있다.

대략적으로 말해 주의 오른쪽(동쪽) 절반에서는 트럼프가 1위를 차지했다. 예를 들어 트럼불카운티에서는 주지사 케이식(34.1%)을 따돌리고 트럼프가 52.6%의 표를 획득했다.

트럼프가 케이식과 20포인트 이상의 격차를 벌린 곳은 약 27포인트의 격차를 벌린 먼로카운티Monroe County를 비롯한 4개 카운티로, 모두 주 동부에 위치한다.

또 트럼프가 강세를 보인 주 동부는 실업률이 높은 지역 및 애팔래치아 산맥하고 겹쳐진다.

'애팔래치아'는 특히 선거 기간 동안 시대 변화를 좇아가지 못하고 있으며 생활 수준도 상대적으로 낮은 지역으로 묘사되는 경우가 많았다. 현 상황에 불만이 많고 불안도가 높으며 '반기득권층' 풍조가 강하다고도 묘사됐다. 오하이오주 동부는 이번 대통령 선거의 두 가지 키워드인 '러스트벨트'와 '애팔래치아'가 겹치는 지역이다.

공화당 위원장. 남색 정장에 나비넥타이. 멋대로 그런 모습일 거라고 상상했는데 실제로 만나보니 청바지 차림의 서글서글한 남성이었다.

또 무척 친절했다. 일본 미디어 기자에게 시간을 들여가며 취재에 협력한들 공화당의 득표에는 아무 도움도 되지 않는다. 시간을 할애해준들 기껏해야 20분일 거로 생각했는데 "도움이 필요하면 언제든 핸드폰으로 전화해도 돼"라고 말해주었다.

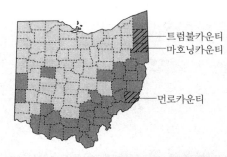

오하이오주의 공화당 예비선거 결과

대의원		투표수 (%)
존 케이식	66	956,762 (46.8)
도널드 트럼프	0	727,585 (35.6)
테드 크루즈	0	267,592 (13.1)
마르코 루비오	0	59,418 (2.9)
기타		31,686 (1.6)

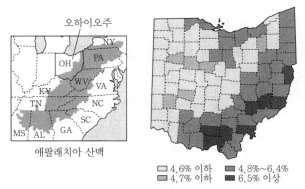

□ 4.6% 이하   ■ 4.8%~6.4%
□ 4.7% 이하   ■ 6.5% 이상

오하이오주의 카운티별 실업률

오하이오주 트럼블카운티의 공화당 위원장 랜디 로

　이때는 아직 공화당 정식 후보가 결정되지 않은 시점이었다. 랜디 입장에서는 지역 당대표자로서 후보자를 공평하게 대우해야 한다. 트럼프도 여러 후보자 중 한 명에 불과했다.
　랜디는 먼저 카운티의 특징에 대해 다음과 같이 설명했다.

　트럼블카운티는 일찍이 제철소가 밀집되어 있던 지역이었다. 자동차 관련 공장도 많았다. 블루칼라 노동자와 중류 계급이 많았고 노동조합 활동도 활발했다. 하지만 주요 산업은 쇠퇴했고 노동자 대부분은 '은퇴'했다. 나이도 있지만 고용 자체가 없어진 영향이 크다.

심각한 '두뇌 유출'에도 직면한 상태이다. 유망한 젊은이들이 도시를 떠나고 있다. 그들은 (주내 큰 도시에 있는) 대학교에 진학한 뒤 두 번 다시 이 도시로는 돌아오지 않는다. 다들 이 사실을 알고 있다. 젊은이 유출이 시작된 지도 어느덧 2세대째이다. 내가 고등학교를 졸업한 것이 1979년인데 그때부터 시작됐다.

내가 어렸을 때 여기는 별 볼 일 없는 사람도 돈벌이가 괜찮은 일을 구할 수 있는 곳이었다. 기술도 학력도 필요하지 않았다. 성실하게 일하기만 하면 남 못지않게 돈을 벌어 가족을 부양하고 내 집과 자가용을 구입할 수 있었다. 한마디로 아메리칸 드림을 실현할 수 있었다. 하지만 그 후 이 일대에서는 주요 산업의 쇠퇴, 폐업, 해외 이전, 합병 등 일어나지 않길 바랐던 일이 다 일어났다. 아메리칸 드림을 실현할 수 있는 기회는 이제 없다. 젊은 사람들에게는 힘든 일이다. 솔직히 말해 나도 젊었다면 이 도시를 떠났을 것이다.

랜디는 이번에는 도시의 '이변'에 대해 말했다.

　요즘 노동조합원 중에서 지금까지 한 번도 공화당을 지지했던 적이 없는 전형적인 민주당 지지 노동자들이 날 찾아와 트럼프에 대해 "그와 같은 대통령 후보를 기다리고 있었다!"고 털어놓고 있다.

　이곳은 지금도 표도 민주당으로 흘러 들어가는 도시다. 민주당 컬러가 파란색이라서 '블루 카운티'라고 불렸다. 그런데 지금에 와선 공화당 지지자가 2배로 늘어났다. 1만 4,400명이던 공화당 등록자(일반 유권자)가 3월 15일 예비선거 후 약 2만 9,000명이 됐다.

　이렇게까지 늘어났던 적이 없다. 전대미문이다.

　물론 모두 트럼프 효과라고 단정할 수는 없다. 하지만 내 경험으로 미루어봤을 때 그의 공헌이 큰 것이 확실하다. 걸려오는 전화 내용과 당 사무소로 찾아오는 방문자의 말을 통해 알 수 있다. 예비선거 전에 내 핸드폰은 밤낮없이 울려댔다. 다들 "트럼프를 응원하고 싶다!", "어떻게 하면 응원할 수 있지?", "뭐 도울 방법이 없을까?"라고 했다. 기존에는 예비선거가 3월에 끝나면 11월 본선까지 반년 이상 남았으므로 일단 잠잠해졌었다. 그런데 지금도 전화가 온다. 아까도 걸려왔다. 내가 받는 전화는 족히 90% 이상이 트럼프 지지자한테서 걸려오는 전화이다.

트럼프 응원용 야드사인Yard Sign(마당 입구에 꽂는 선전용 포스터) 1,700개가 3주일 만에 다 떨어졌다. 때맞추어 추가 발주했더라면 손쉽게 700개는 더 팔았을 것이다.

진영의 상상을 초월한 집객력

랜디의 말에 따르면 트럼프의 인기는 사실 진영이 예상했던 수준도 뛰어넘었다고 했다. 그의 증언이 이어졌다.

예비선거 전에 트럼프는 이 근처 공항에서 집회를 열었다. 집회 소식은 전날 오후 4시까지도 발표되지 않았었다. 하물며 평일이었음에도 무려 5,000명이 모였다. 회장에 들어가지 못한 사람이 별도로 1,000명 있었다. 이 도시에

서는 생각할 수 없는 규모이다. 놀랍다는 말밖에는 할 말이
없다.

　사실 진영 측으로부터 "약 2,000명" 규모가 될 거란 말
을 들은 상태였다. 그런데 진영이 기대한 규모의 최소한 3
배가 몰려든 셈이다. 기본적으로 보통 공화당 후보는 시간
이 한정되어 있으므로 (민주당 색채가 짙은) 이 지역에서는 집회
를 열지 않는다.

　트럼프를 보고 있으면 레이건Ronald Wilson Reagan이 떠오
른다. 당시에 나는 고등학생이었는데 레이건을 지지했었
다. 지금은 인기가 많은 레이건도 당시에는 많은 유권자에
게 미움을 받았었다. 예비선거를 앞두고 선거전을 펼쳤을
때는 좋아하는 사람과 싫어하는 사람, 양쪽 모두에서 큰 반
향이 일어났었다. 그런 점이 지금의 트럼프와 비슷하다.

숨은 지지자

　랜디를 두 번째로 취재한 것은 2016년 7월 17일, 오하
이오주 최대의 도시 클리블랜드Cleveland에서 공화당 전당

대회가 시작되기 전날이었다. 이때는 트럼프를 제외한 후보자가 전원 탈락해 트럼프의 후보 지명이 거의 확실시된 상황이었다.

랜디에게 전화를 걸었더니 지역 최대 규모의 축제가 열리고 있어 거기에 부스를 설치하고 트럼프를 홍보 중이라고 했다. 당 정식 후보가 결정되면 그 후에는 응원하는 것이 랜디의 위원장으로서의 임무이다. 축제장으로 가 보니 야구장 약 3개 규모의 넓은 부지에 이동식 유원지가 와 있었고 많은 가족 단위 방문객으로 북적거렸다.

이날 랜디는 트럼프가 11월 본선 때는 3월 예비선거 때보다 더 많은 지지를 받을 것으로 전망했다. 예비선거 결과에 놀라고 있는 내게 그는 "본선 때는 더 놀라게 될 거야!"라고 했다.

트럼프 지지자는 지금도 매일 증가하고 있다. 그리고 본선 때는 예비선거 때 이상으로 트럼프의 득표수가 증가할 것이다. 이유는 실로 단순하다. 사람들이 자기 마음에 따라서 솔직하게 투표할 수 있게 될 것이기 때문이다. 여기에는 오하이오주의 투표 구조가 영향을 끼치고 있다.

오하이오주 예비선거 때 유권자는 투표소 접수창구에서 투표용지를 선택해야 했다. 공화당 지지자는 공화당용 종이를, 민주당 지지자는 민주당용 종이를 받은 후 각각 인쇄되어 있는 후보자 중에서 마음에 드는 사람을 선택했다. 즉 용지를 수령하는 단계에서 지지 정당을 분명히 하지 않으면 안 된다. 선거관리위원회 사람 및 주변 사람들이 지켜보는 가운데서 말이다.

그런데 본선 때는 1장짜리 공용 투표용지가 사용된다. 공화당 후보 이름도, 민주당 후보 이름도 똑같은 1장의 용지에 인쇄된다. 즉 줄곧 민주당 지지자였던 사람도 누구에게도 들키지 않고 공화당 후보 트럼프에게 투표할 수 있게 된다. 무당파無黨派였던 사람도 마찬가지다.

내가 보증한다. 상당수의 민주당 지지층과 무당파층이 트럼프에게 투표할 것이다. 예비선거 때는 트럼프를 지지한다는 사실을 다른 사람에게 들키고 싶지 않아 공화당 용지를 수령하지 못했던 사람들이 이번에는 솔직하게 투표할 수 있기 때문이다. 노동조합 활동을 해왔던 사람은 이제 와서 트럼프에 투표하겠다고 말하기 어려우니까. 틀림없이 '크로스오버Cross Over(교체·변경)'가 증가할 것이다.

랜디의 예언은 적중했고 트럼프는 트럼불카운티에서 일찍이 공화당 후보가 달성한 적 없는 일을 이루어냈다. 자세한 결과는 잠시 후 본장 52쪽에서 설명하도록 하겠다.

번지는 기대감

본선 투개표일까지 40일이 남은 시점에서 랜디를 세 번째로 취재했다.

2016년 10월 2일, 일요일이므로 취재하기 어렵지 않을까 하고 우려했으나 랜디는 선거 대책 본부에서 근무 중이었다. 위원장이라는 입장상 물론 발언은 신중하게 했다.

"이길 수 있을까? 없을까? 다들 똑같은 걸 묻는데 난 선거 결과는 예측하지 않아. 공화당 후보를 최선을 다해 응원할 뿐이지."

그래도 역시 기대감이 얼굴에 드러났다.

"대통령 선거라곤 하지만 이 지역에서는 이런 운동이 벌어졌던 적이 없어. 꼭 투표일이 내일인 것만 같은 열기야. 전화통이 불이 날 지경이고 새로운 봉사활동 지원자가 속속 찾아오고 있어. 트럼프 간판과 티셔츠는 만들고 또 만들어도 금방 다 떨어져." 말도 못 하게 바쁘다는 말투였지만 동시에 기뻐 보이기도 했다. 그도 그럴 것이다. 공화당원은 예비선거 후 2만 9,000명으로 늘었고 그 후로도 계속 증가해 3만 2,000명을 돌파했다.

사무소에 '트럼프 간판'이 2미터가량 쌓여 있었는데 이것도 "이틀이면 다 없어진다"고 마찬가지로 연일 출근 중인 회계 담당 데비 로스는 말했다.

랜디는 3월 취재 때와 비슷한 말을 했다.

"매일같이 새로운 동료를 만나게 돼. 그들은 GM(제너럴 모터스)이나 제철소에서 일했었다더군. 그들 대다수는 원래 민주당 지지층이었어. 이른바 민주당 지지층의 크로스오버. 노동조합 활동을 열심히 했던 사람도 많아. 여태까지의 공화당 후보로서는 이렇게까지 지지자를 끌어모으지 못해."

랜디는 이러한 직접 체험과 당원이 증가했음을 보여주는 데이터에 실감을 느끼고 있었다. '전대미문의 이변'이 일어나고 있음에 틀림없다고 했다.

기본적으로 랜디에게는 대통령 선거에서 패배한 기억밖에는 없다. 반복해 말하지만 블루칼라 도시에서는 노동조합의 뒷받침을 받는 민주당 후보가 지역 선거를 제압해왔다.

2008년 12월에도 민주당 오바마에게 전체 표의 60%를 빼앗겼다. 공화당 후보의 득표율은 약 38%에 그쳤다. 공화당 부시가 전미에서 승리를 거두었던 2000년과 2004년에도 트럼불카운티에서의 부시의 득표율은 역시 38%에도 미치지 못했다.

즉 전미의 경향이 어떠하든 트럼불카운티에서는 공화당 후보가 최근에 '38%의 벽'을 돌파한 적이 없다. "난 고등학교 때부터 이 지역에서 선거 관련 일을 했지만, 올해만큼 대통령 선거 캠페인이 뜨겁게 달아올랐던 적이 없어. 구체적인 숫자까지 예측할 수는 없지만 이번에는 38%를 훌쩍 뛰어넘을 거야"라고 말했다.

랜디는 기대하는 것이 한 가지 더 있었다. 지난 두 번째 취재 때도 지적했던 '숨은 트럼프 팬'의 존재이다. 랜디는 "그건 저류라서 좀처럼 알기 어렵지만"이라고 서론을 깔고 "가끔 지지자가 '내 지인이 사실 트럼프를 지지하고 있어. 대놓고 인정하지는 않지만!'이라며 가르쳐 줘. 여러 가지 (문제) 발언을 해온 트럼프를 지지한다고 대놓고 밝히기 어려운 면이 있어. 여론 조사에서는 트럼프 지지율이 낮게 측정되고 있다고 생각해"라고 이야기했다.

역전 승리

'오하이오주에서 트럼프 승리!'

대통령 선거 본선이 있었던 2016년 11월 8일 밤. 전미 미디어가 잇달아 속보를 내보냈다. 개표 초기 단계에서 민주당 후보 클린턴이 우세한 것으로 나타났지만 도중에 트럼프가 역전을 했다. 결과적으로는 52% 이상을 득표했고 클린턴(43.5%)을 눌렀다.

난 트럼불카운티의 결과에 놀랐다. 트럼프가 공화당 후

보로서 40년 만에 처음으로 승리를 거둔 것은 물론, 득표율 50%를 돌파해 '38%의 벽'을 크게 뛰어넘었기 때문이었다. 랜디의 예측대로였다.

트럼불카운티만 그랬던 것이 아니다. 남쪽으로 인접해 있는 마호닝카운티Mahoning County에서도 클린턴에게 밀리기는 했지만 트럼프는 공화당 후보로서 전회에 비해 10포인트 이상 많은 지지를 받았다. 마호닝카운티에는 과거에 철강 산업 중심지로 유명했던 영스타운이란 도시가 있는데, 그곳의 현재 모습은 제2장에서 소개하겠다.

러스트벨트의 중심을 걸어온 노동자의 결단

지금부터는 '전대미문'의 역전극이 벌어진 현장에서 트럼프를 지지하는 사람들의 생활상과 생각을 전하도록 하겠다. 먼저 어느 퇴직한 블루칼라 노동자의 이야기를 소개하겠다. 그의 최대 관심사는 사회보장제도의 존속이다. 줄곧 민주당을 지지했었는데 이번에 트럼프를 응원하기 위해 공화당 지지자로 돌아섰다.

문을 노크하자 무뚝뚝한 대답이 돌아왔다.

"문 열려 있어. 신발은 안 벗어도 돼."

2016년 3월 25일 오하이오주 트럼불카운티 워런Warren. 조셉 슈로딘(62)은 교외에 위치한 단독주택에서 배를 내밀고 소파에 누워 있었다.

거실의 TV에서 트럼프의 탁한 목소리가 흘러나왔다.

"미국은 허구헌날 지기만 합니다! 마지막으로 이겼던 게 언제죠?"

"제가 대통령이 되면 고용률을 회복시킬 것이고, 미국은 다시 승리하기 시작할 것입니다!"

그는 잡고 있던 리모콘으로 연설에 맞장구라도 치는 듯 배를 통통 하고 두드렸다.

워런은 '러스트벨트'로 불리는 지역에 포함된다. 인구는 4만 명. 조셉도 지역 제철소에서 38년 넘게 일한 전직 철강맨이다. 애칭은 조.

그를 만나러 가기 몇 시간 전에 나는 카페에서 지역 공화당 위원장 랜디를 만나 "트럼프 지지자를 소개해주세

전직 제철소 근무자 조셉 슈로딘

요!"라고 머리를 숙였다. 그러자 랜디는 핸드폰을 꺼내 들었고 "조? 일본 저널리스트가 만나고 싶다는데, 오늘 시간 돼? 아, 그래? 그럼 오후 2시쯤 가라고 한다?"고 말하고 전화를 끊었다. 그리하여 만나게 된 사람이 조다. 첫 만남인데 그럴듯한 인사조차 없다. 정면의 소파에 앉으라기에 조용히 앉았다.

조는 TV를 보며 "진짜 자기 속마음을 말하는 솔직한 남자야. 프로 정치인은 아니지만 난 녀석이 마음에 들어"라며 웃었다. 어째서 트럼프를 지지하느냐고 묻자 조는 정치인에 대한 불신감을 털어놓았다.

"슬레지 해머(대형 해머)도 잭 해머(착암기)도 잡아본 적이 없고, 삽의 앞뒤 구분도 못 하는 직업 정치인이 우리에 대해 뭘 알겠어? 정치인은 장수할지 모르지만 우리는 몸이 너덜너덜해."

슬레지 해머와 잭 해머. 나도 그 차이를 전혀 모른다. 핸드폰으로 뜻을 검색하는 나를 조는 곁눈으로 보며 웃었다. 조는 "용광로에서 쓰는 거야!"라고 설명해주었지만 제철소의 구조를 모르는 나로서는 용광로라는 말을 들어도 감이 오지 않았다.

조는 TV 소리를 줄이고 하나에서부터 설명해주었다.

"난 올해 62살이 됐어. 그리고 사회보장(연금) 수급이 시작됐지. 트럼프를 지지하는 건 사회보장을 삭감하지 않겠다고 해서야. 다른 정치인은 삭감하고 싶어해. 수급 연령을 70살로 올리자고 제안하는 정치인도 있어. 난 그런 말을 하는 정치인이 싫어. 그놈들은 선거 전에만 악수하고 키스하지, 당선된 후에는 거액을 헌금하는 놈들 하라는 대로야. 신용할 수 없어."

"용광로라는 건 좌우간 크고 열풍이 엄청나. 제철소에서 제일 힘든 최악의 일이지. 용광로에서 일했던 동료는 90%가 흑인이었어. 힘든 일이라서 흑인이 많아."

러스트벨트를 지속적으로 취재함으로써 나중에 알게 된 사실은 용광로에서 일하는 것이 이 지역 노동자에게 있어서 자랑스러운 일이었다는 것이다. 제철소의 핵심으로 체력과 실력 없이는 결코 수행할 수 없는 일이다. 15살 때부터 제철소 식당에서 일하기 시작한 조는 18살 때 연령 제한을 통과하자마자 제철소로 일자리를 옮겼고 결국 용광로로 들어갔다. 이 지역의 중심을 걸어온 노동자였다.

동료와 땀을 뻘뻘 흘리며 만든 철은 차례로 가공을 거쳐 전 세계가 동경하는 '메이드 인 USA' 자동차와 냉장고가 됐다. 이 지역의 철근은 뉴욕의 마천루와 브루클린 다리에도 사용됐다. 자신들이 하는 일은 세계에 군림하는 미국의 기둥을 지지하고 있다고 한다. 그런 자부심이 도시 전체에 있었다.

인간은 일 없이는 행복해질 수 없다

그러나 그것은 옛날이야기다. 조는 "우리 세대는 운이 좋았다", "나보다 5살 어린 동료부터는 대우도 나빠지기 시작했으니까"라고 강조했다.

조는 폐쇄된 제철소 이름 5개를 내 노트에 써넣었다. "이 5곳만으로 3만 명의 고용이 사라졌어. 인간은 일 없이는 행복해질 수 없어. 일본인도 똑같지? 그렇지?"

조는 오랫동안 노동조합원으로 활동하며 줄곧 민주당을 지지했고 당지구위원도 역임했다. 소위 전형적인 러스트벨트 블루칼라 노동자였지만, 2015년 6월에 트럼프의 출마 표명을 듣고 처음으로 공화당으로 옮겼다.

"이 주변의 블루칼라는 다들 민주당을 지지했었는데, 미국은 자유 무역에서 연패하고 있고 제조업도 멕시코로 나가버렸어. 여기에 남아 있는 건 (종합쇼핑몰) 월마트와 K마트로, 딴 나라의 제품을 파는 일뿐이지. 난 현역 시절 마지막의 마지막까지 일급으로 200달러(약 22만 4,000원)는 받았어. 근데 지금 서비스업 종사자는 기껏해야 시급 12달러

(약 13,000원)를 받지. 그 돈으로 젊은이가 생활할 수 있을 리 없잖아? 이제 정당 따윈 아무래도 상관없어. 미국을 강력하게 재건하기 위해서는 트럼프 같은 사업가가 필요해."

미국노동성에 따르면 오하이오주의 제조업 고용 상황은 1990년 104만 명에서 2016년 69만 명으로까지 감소했다. 전미에서도 동기간에 1,780만 명에서 1,230만 명으로 줄었다. 감소율은 둘 다 약 30%이다.

많은 블루칼라 노동자가 자유무역협정FTA을 철저하게 비판하는 트럼프의 등장 이후 공화당으로 유입되고 있다는 이야기는 들었다. 이에 대해 묻자 조가 대답했다.

"그 말 그대로야. 옛날에 제철소에서 근무했던 사람은 다 공화당으로 돌아섰어. 특히 은퇴한 세대가 많이 돌아섰지. 지금 요 앞 스타벅스나 던킨도너츠에서 커피를 마시고 있는 사람은 다 그래."

거실 벽에 자녀 3명의 웃는 얼굴이 찍힌 사진이 걸려 있었다. 그 사진을 바라보며 조는 "첫째도 둘째도 이 도시를 떠나버릴 거야"라고 중얼거렸다.

고등학교 시절 올 A를 받는 것이 자랑이었던 장녀(28)는 일자리를 찾아 주 최대의 도시 클리블랜드로 나가 호텔에 취직했다. 대학교에서 물리치료를 공부 중인 둘째 장남 (24)은 "졸업한 다음엔 다른 주로 가겠어!"라고 선언했다.

조가 이해하기 힘든 것은 젊은이를 둘러싼 환경이다. "대학을 졸업할 때 이미 10만 달러(약 1억 1,000만 원)의 빚을 지고 있는데, 만족스러운 일자리조차 찾을 수 없다니, 어떻게 된 건지! 난 고등학교 졸업 전부터 돈을 벌었는데."

조와 나의 대화를 듣고 있던 차녀(14)가 이야기에 끼어들었다. "난 아빠 옆에 남아 있을게." 조는 활짝 웃으며 기뻐했다.

중류 계급의 풍족한 삶

뭔가가 떠오른 듯 조가 말했다.

"일본인은 야구를 좋아하지?"

내가 고개를 끄덕이자 조는 아픈 무릎을 문지르며 일어나 집 지하실로 안내해주었다. 불을 켜고 계단을 따라 내려가자 넓은 창고가 나왔다.

야구 대회 트로피 약 50개와 메달도 약 60개가 있었다. 벤치프레스, 러닝머신, TV 게임, 자쿠지 욕조 등 갖가지 물건으로 넘치는 창고에는 미국 중류 계급의 풍족한 생활상이 그대로 보존되어 있었다.

트로피는 조가 코치로서 공헌했던 장남이 속한 야구팀이 딴 것이었다. 조는 평일에는 제철소에서, 주말에는 야구장에서 땀을 흘렸다. 원정 시합이 있으면 유급 휴가를

조의 자택 지하실은 물건으로 넘치고 있었다

썼다. 제철소에서 근속 15년 때 4주간, 20년 때 5주간 휴가도 받았었다. 노동자는 후한 대접을 받았다.

난 트로피 하나를 뒤집어 보았다.

'메이드 인 차이나.' 그 옆의 트로피도 마찬가지였다. 야구 모자는 '메이드 인 방글라데시.' 옆의 노래방 기계는 일본의 산요SANYO 제품이었다.

조는 자유 무역에 비판적이지만 지하실은 해외 제품으로 넘쳤다.

대통령 선거에서 지적되어온 바와 같이 자유 무역의 타격은 실업 등의 형태로 특정 사람에게 집중되고, 혜택은 상품 가격의 저하 등으로 얕고 넓게 미친다. 혜택이 더 체감하기 어려울 것이다.

조의 집을 선거 기간 중에 5번 방문했다. 취재가 아닌 잡담으로 끝날 때도 있었다. 그때마다 느꼈던 것은 그 풍족함이었다. 집이 넓고 깨끗하게 정돈되어 있으며 물건으로 넘쳤다. 트럼프 지지자 중에는 가난한 백인이 많다는 이미지가 있었다. 확실히 러스트벨트에서 취재하다 보면 그런 사례를 만나게 되는 경우도 적지는 않다. 하지만 구

태여 말하자면 '과거의 풍족한 삶이 끝날지 모른다. 저소
득층으로 떨어질지 모른다'는 불안을 느끼는 중류 계급이
많았다.

조도 그렇게 생각했다. 자기 세대까지는 좋았지만, 미
국은 잘못된 방향성으로 나아가고 있는 것이 아닐까. 그
런 불안과 걱정이 만연해 있었다. 갤럽Gallup에 따르면 미

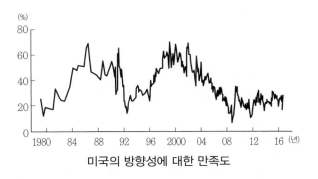

미국의 방향성에 대한 만족도

당신은 미국의 방향성에 만족합니까? (%)

	만족	불만족	무응답
2016.10	28	70	2
2016.9	29	70	1
2016.8	27	72	1
2016.7	17	82	2

출처) 그래프와 표 모두 갤럽

국의 방향성에 '불만족'이라고 대답한 사람의 비율은 본선 직전인 2016년 10월에는 70%, 같은 해 7월에는 80%를 돌파했다.

62살까지 어떻게든 살아남았다!

7월. 뉴욕으로 돌아와 있는데 조한테서 전화가 걸려왔다. 기쁜 듯한 목소리였다.

"내 말 좀 들어봐! 드디어 연금을 받았어! 난 15살 때부터 줄곧 돈을 납부해왔거든."

이날의 화제는 시종일관 연금이었다. 전화를 끊은 뒤 잠시 생각해보고 조의 연금 이야기를 충분히 취재하지 않았다는 사실을 깨달았다.

생각해보면 3월에 취재했을 때 조가 제일 먼저 강조했던 것도 연금제도에 대한 우려였다. 내 관심사가 자유 무역과 고용 유출이었던 나머지 취재의 초점이 그쪽으로 다소 치우쳤던 것이다.

오하이오주 워런을 다시 방문했다. 조는 이번에도 마찬

가지로 소파에서 뒹굴거리며 TV를 보고 있었다. 그리고 3월과 똑같은 말을 했다.

"정치인은 장수하니까 쉽게 '연금 수급 연령을 상향 조정하겠다!'는 말을 하는 거야. 그게 정말 화가 나. 근데 트럼프는 달라. 입후보 회견 때 사회보장을 지키겠다고 했어."

그리고 만면의 미소를 지으며 계속 말했다

"난 6월 23일에 처음으로 지급을 받았어. 연금에는 대기 기간이라는 게 있지. 62살이 된다고 즉시 받을 수 있는 게 아니야. 4월에 62살이 됐는데, 4월하고 5월에는 대기했고 6월에 처음으로 수령했어."

정말로 기뻐 보였다. 그리고 목소리에 힘을 주어 말했다.

"62살까지 어떻게든 살아남았다! 그치, 캐롤?"

공립초등학교 교사인 아내 캐롤은 했던 소리를 또 한다며 주방에서 대충 맞장구를 쳤다. 초등학교 1학년 담임으로 매번 내 취재를 도와준다.

"용광로에서 나와 62살까지 사는 놈이 별로 없거든. 동료의 반절은 진작에 죽었어. 신문의 사망 공지에 실려. 발리 심스도 42살에 죽었고, 리키 바넷하고 우디 바넷도 일찍 죽어버렸어."

풀네임으로 말한들 알 턱이 없는데도 죽은 동료의 이름을 줄줄 늘어놓았다.

42살은 확실히 이른 나이다. 내가 놀라자 캐롤이 설명해주었다.

"용광로 작업원은 석면의 영향도 있어서 암에 많이 걸려요. 조의 폐에도 분명 석면이 있을 거야. 석면은 내화성 작업복과 장갑에 사용되는데, 이제 와서 건강에 나쁘다네요."

캐롤의 말을 조는 불쾌한 듯 듣고 있었다.

조의 이야기를 듣고 나는 트럼프의 입후보 당시 연설을 다시 들어봤다. 트럼프는 확실히 45분가량의 연설 동안 2번이나 사회보장에 대해 언급했다.

"누군가 저 같은 사람이 국가 자금을 회복시키지 않으면 사회보장은 붕괴될 겁니다. 다른 사람들은 하나같이 사회보장을 삭감하고 싶어하지만, 전 삭감하지 않을 거예요. 저는 자금을 끌어모아 사회보장을 살려낼 겁니다."

"메디케어Medicare(고령자를 위한 공적 의료제도)와 메디케이드Medicaid(저소득자를 위한 공적 의료제도) 사회보장을 줄이지 않고 지켜야 합니다!"

구체적인 대책은 아무것도 말하지 않았다. 다만 '사회보장제도를 유지하겠다!'는 메시지만 지속적으로 보냈다.

전체적인 주장은 본인은 대부호이므로 다른 정치인과 달리 이익단체의 영향을 받지 않고 개혁을 단행할 수 있다. 그런 본인이라면 미국 경제를 되살리고 군대와 인프라, 사회보장제도를 지킬 수 있다는 것이었다.

자유 무역 비판도 그렇고 사회보장제도 보호도 그렇고, '작은 정부'를 지향하는 기존의 공화당 후보와는 역점이 달랐다. 트럼프는 동시에 '레이건 정권 이래 최대의 감세'도 공약으로 내세웠지만, 이들 공약을 어떻게 양립시킬 것인지에 대해서는 아무 설명도 하지 않았다.

그래도 메시지는 조의 마음에 울려 퍼졌다. 대통령 선거의 열쇠를 움켜쥔 러스트벨트의 유권자를 향한 메시지에, 자유 무역 비판과 대폭적인 감세는 물론이고 사회보

장제도 보호까지 확실하게 담았다. 몸을 혹사시키며 일해온
중노년층 블루칼라 노동자의 최대 관심사임에 틀림없다.

블루독의 반역

조 이외에도 오랫동안 민주당을 지지했다가 트럼프 지
지자로 돌아선 노동자가 많다.

조와 마찬가지로 오하이오주 트럼불카운티의 도시 지
라드에 사는 전직 도로작업원 존 미글리오기(48)도 그중 한
사람이다. 직장 노동조합에서 위원장으로도 근무했었다.
미국노동총연맹 산업별조합회의AFL-CIO 산하의 조합이다.

가장 중요한 업무는 겨울철 눈 쓸기다.

눈이 쌓이면 경찰한테서 연락이 온다. 새벽 1시든 새벽
3시든 시간은 상관없다. 작업원 7~8명이서 간선 도로로
나간다. 분담해서 해도 15~16시간 작업해야 하는 경우가
적지 않았다.

적설량이 8센티미터를 넘으면 제설 도구를 착암기로 바
꾸어 작업한다. 여간 까다로운 것이 아니다. 작은 도시라

트럼프를 지지하는 이유에 대해 말하는
전직 도로작업원 존 미글리오기

예산에도 한계가 있기 때문에 착암기도 구식 수동이다.
무게도 50킬로그램이나 나간다. 눈보라로 앞도 잘 보이지
않는 상황에서 얼어붙은 노면의 눈을 깎아내야 한다. "눈
을 쾅쾅 깨고 나면 정말로 피곤해요."

그래도 보람은 있었다. 아침 해가 빛나면 우리가 제설
한 길 위를 경찰차와 소방차가 달리고, 노동자를 태운 자
동차도 제철소로 향한다. 그런 광경을 동료와 함께 바라

보는 것이 좋았다.

"우리 일이 없으면 경찰차도 꼼짝 못 해요."

이탈리아 출신 아버지는 초등학교 3학년 때까지밖에 교육받지 못했지만 근무처 제철소에서 노조 위원장까지 됐다. 노동자를 지키는 활동을 줄곧 자랑스럽게 여겨왔다. 폴란드 출신 외할아버지도 제철소에서 일하는 노동자였다. 그런 가정환경에서 민주당을 지지하는 것은 자연스러운 일이었다.

미글리오기는 강조했다. "아버지도 나도 블루독Blue Dog 생존자예요!"

블루독이란 보수적인 민주당 지지층을 말한다. 수도 워싱턴에는 '블루독 연합Blue Dog Coalition'이라는 의원집단도 있고, 하원에서 오바마의 의료보험제도개혁법안을 체결했을 때는 이 그룹에서 반대의 목소리가 나왔다.

2010년 무렵에는 민주당 하원의원만도 50명 이상이 됐고 '연방의원에서 가장 영향력이 있다'(워싱턴포스트)란 평가도 받았었지만, 지금은 낙선과 은퇴로 소속의원이 14명으로 줄었다. 민주당이 도시형 정당이 되고 소수파와 자유주의 파의 영향이 커짐에 따라 당내 보수파의 존재감이 약해지고 있다.

워싱턴포스트는 지방의 보수적인 민주당 지지층을 '멸종위기종'이라고 부르며, 미네소타주Minnesota 농업지대에서 선출된 민주당 하원의원 코린 피터슨의 "트럼프 씨가 지방에서 승리를 거둔 것은 점점 도시형이 되어가고 자유주의파로 변해가는 민주당에게 버림받았다는 느낌을 받은 지방 유권자 덕분이다"라는 분석을 소개했다. 피터슨도 '블루독 연합'의 멤버이다.

미글리오기의 주장은 피터슨의 분석과 겹쳐진다. 현재 민주당에 대한 곤혹스러움을 털어놓았다.

"오바마 대통령도 그렇고 힐러리도 그렇고 '당신에게 무엇이 필요한지 당신보다 내가 더 잘 안다!'는 태도를 보여요. 나는 그게 너무 싫어요."

"예를 들어 오바마케어(의료보험제도 개혁)에 60%가 반대했어요. 그런데도 '이것이 옳다!'며 대통령이 밀어붙여요. 연방정부와 중앙정부가 그렇게까지 개인의 삶에 개입해야 하

존 미글리오기가 구입한 중고 자택 건물

는 걸까요? 너무 과한 거 아닌가요? '정부가 사안을 더 심
충적으로 잘 안다'는 태도에서 난 사회주의와 전체주의와
같은 어떤 것을 느껴요. 지금 민주당은 급진적으로 좌익
쪽에 너무 편향되어 있어요. 자유주의 세력이 민주당을
점령해버린 거죠."

　도시의 쇠퇴도 걱정이다. 약물중독이 만연해 16살 된
조카가 과잉 복용으로 사망했다. 지방 신문은 연일 젊은
이의 죽음을 보도한다. 미국이 나아가고 있는 방향은 뭔

가 잘못됐다. 그런 위화감을 느끼고 있을 때 선고 비용에 거액의 자기자금을 투입하겠다고 호언장담하는 사업가 트럼프가 입후보했다.

"멕시코인이 범죄와 약물을 반입하고 있습니다."

"자유 무역에는 똑똑한 지도자가 필요합니다. 그런데 미국 자유 무역 교섭인들은 바보 머저리라서 이익단체의 꼭두각시 노릇만 합니다."

여성 비하 발언 등에는 찬성할 수 없지만 이해하기 쉽게 말한다. 언제나 당당하게 행동하고, 마치 '기득권층'인 명문 집안 정치인과 지도자를 적으로 돌리는 걸 즐기고 있는 것같이도 보였다. 이 남자라면 특정 업계의 의향대로 정책을 실현시키려고 하는 로비스트의 영향도 무시할 수 있을 것 같았다. 어느새 정신을 차리고 보니 열렬한 트럼프 지지자가 되어 있었다. 미글리오기는 '미국을 다시 위대하게!'라는 트럼프의 로고가 박힌 모자를 고쳐 쓰며 말했다.

"사업가 트럼프가 뭘 할 수 있을지 한번 지켜보고 싶어요. 적어도 오바마 정권 3기라고 할 수 있는 힐러리보다는 기대가 돼요."

　인터뷰가 끝나자 집을 안내해주었다.
　"부지런히 일해 드디어 집을 장만하게 됐어요. 중고지
만요. 아내가 엄청 기뻐하고 있어요." 현관은 조화와 인형
으로 예쁘게 꾸며져 있었다.
　"제가 지도자에게 원하는 건 심플해요. 성실하게 일하
고, 규칙을 지키며 살고, 타인을 존경하는 마음으로 대한
다. 그것이 누구나 공정한 임금을 받을 수 있고, 공정한
삶을 실현할 수 있는 사회예요. 비즈니스 업계에서 헤쳐
온 트럼프에게 기대하고 싶어요."

제2장
나도, 역시 트럼프로 찍었어

트럼프를 지지하는 영스타운의 중년 3인방

싱어송라이터 브루스 스프링스틴Bruce Springsteen이 노래했던 노동자의 도시가 오하이오주 동부 마호닝카운티에 있다(41쪽 지도 참조).

영스타운은 한때 미국을 대표하는 제철 도시였다.

지금은 완전히 쇠락했다. 제철소는 차례로 문을 닫았고 실업자는 도시로 넘쳐났으며 젊은이는 고등학교를 졸업하자마자 마을을 떠났다. 인구는 번성기의 절반으로 떨어졌다. 미국 정부가 독자적으로 산출한 빈곤율에 따르면 전미 평균의 3배에 이른다고 한다.

내일에 대한 불안을 털어놓는 많은 미국인을 만났다. 일찍이 민주당 지지자였던 사람들이 트럼프 지지자로 돌아섰다. 제2장에서는 그런 노동자들의 생각을 전하도록 하겠다.

스프링스틴이 노래한 도시

과거에 번성했던 제철업과 제조업이 쇠퇴해 실업률이 높고 젊은 세대의 인구 유출이 심각한 '러스트벨트(녹슨 공업지대)'를 상징하는 도시 중 하나가 오하이오주 마호닝카운

76

티의 영스타운이다.

1950년대 이 도시의 철 생산량은 동일한 규모의 도시 중 세계 최고였고, 내 집 보유율도 전미에서 손가락에 꼽혔다. 경제적으로 넉넉한 노동자가 사는 도시의 대명사 같은 존재였다고 한다.

그런데 1970년대 무렵부터 세계화와 기술 혁신의 영향으로 제철소가 폐쇄 및 축소되면서 고용이 대폭으로 줄었고, 1960년대 약 16만 명이던 인구는 6만 5,000명(2015년 추정)으로까지 감소했다. 빈곤율은 전미 13.5%를 훨씬 상회하는 38% 이상이다. 가계 소득의 중앙값도 전미(5만 3,889달러, 약 6,100만 원)의 절반 이하인 약 2만 4,000달러(약 2,600만 원)에 그치고 있다.

♪ 아버지는 용광로에서 일했네.

노爐를 지옥보다 뜨겁게 유지하는 일.

아버지는 오하이오에서 일자리를 구했어.

제2차 세계대전에서 귀환한 후의 일이지.

지금은 철 부스러기와 쓰레기가 남아 있을 뿐.

이곳 공장에서 만든 전차와 폭탄으로 전쟁에서 승리했다.

한국과 베트남으로 자식들을 보냈었지.

이제 와서 그런 생각을 해. 대체 뭘 위해 죽은 걸까.

노동자 계급으로 자라며, 반전과 빈곤, 인종 차별 등 사회 저변에 흐르는 문제를 테마로 노래해온 '더 보스The Boss', 싱어송라이터 브루스 스프링스틴이 만든 노래 '영스타운Youngstown'에서 발췌한 것이다. 스프링스틴은 저널리스트 데일 마하리지Dale Maharidge와 사진작가 마이클 윌리엄슨Michael Williamson의 저작에서 영감을 받아 '영스타운'을 썼다. 마하리지는 미국 노동자와 실업자의 목소리를 기록한 『And Their Children After Them』으로 퓰리처상을 수상했다.

다음은 스프링스틴 본인이 기록한 글이다.

'어느 날 밤이었다. 잠이 오지 않아 거실 책장에서 책 하나를 꺼내 들었다. (중략) 그리고 그다음 주에 완성된 것이 "영스타운"과 "더 뉴 타이머The New Timer" 2곡이다. 우리는 1980년대 내내 얼마나 많은 사람이 실직 중인지에 대해 들었다. 데일 마하리지와 마이클 윌리엄슨은 그 실업자들이 어떤 사람들이고 어떤 인생을 살아왔는지를 가르쳐 주었다. 규칙을 지키며 바르게 살아왔음에도 구제받지 못한 사람들. 몸이 가루가 되도록 일하며 이 나라를 세운 사람들. 자식을 전쟁터로 보냈음에도 불구하고 바보 취급을 당한 끝에 해고당한 사람들. 나는 그날 밤 잠들지 못한 채 생각했다. 지금까지 해온 일이 시대에 뒤처져 더 이상 필요 없게 됐을 때, 나라면 어떻게 할까. 가족을 부양하기 위해 어떤 선택을 할까.'

(『번영에서 떨어져 나간 또 하나의 미국繁栄からこぼれ落ちたもうひとつのアメリカ』, 데일 마하리지 저, 마이클 윌리엄슨 사진, 러셀 히데코ラッセル秀子 역, 다이아몬드사, 2013년. 원제-Someplace Like America, Tales from the New Great Depression)

영스타운의 다이너에서

나는 2015년 연말 겨울 연휴를 이용해 처음으로 '러스트벨트'에 가기로 했다. 트럼프 지지자를 취재할 장소를 선정하기 위한 사전 답사였다. 물론 뾰족한 취재 방법 따위는 없었다. 일단 영스타운으로 갔다. 마이클 윌리엄슨의 사진으로 봤던 거리 풍경에도 관심이 있었다.

뉴욕에서 700킬로미터. 맨해튼에서 자동차를 빌려 '영스타운'을 들으며 서쪽으로 달렸다. 애팔래치아 산맥을 넘어 7시간 만에 도착했다. 도시에서는 폐건물이 된 공장과 집이 눈에 띄었다. 연말연시라 그런지 문을 닫은 가게도 많아 어두운 인상이 더욱 증폭됐던 것 같다.

도시 동쪽 외곽에 있는 '시티 리미트 레스토랑'이라는 다이너(식당)로 들어갔다. 새해 첫날임에도 점내는 사람들로 북적였고 자리도 거의 만석이었다. 식사를 하고 있자니 뒤쪽 테이블에서 남자 두 명이 나누는 즐거운 대화 소리가 들려왔다.

"어제는 뭐 했어?", "신년을 축하하는 의미로 뒷 공터에서 어두운 밤을 향해 라이플을 갈겼지. 탕탕탕탕!", "넌 예나 지금이나 제정신이 아니구나."

그런 이야기를 주고받으며 큰소리로 웃었다. 둘 다 편

2016년 1월 1일. 다이너에서 오믈렛을 먹고 있는
가구 제조자 커트(왼쪽)와 빅터

안한 차림으로 오믈렛을 먹고 있었다.

나는 합석하면 안 되겠느냐고 물었다. 대통령 선거를
어떻게 보고 있는지 묻기 위해서였다. 둘은 대환영해주었
다. 가구 제조자 커트 앤슬리(53)는 퇴역 군인이었다. 1980
년대에 오키나와沖縄에서 지냈던 시간이 좋은 추억으로 남
아서 오키나와 일본에 좋은 인상을 갖고 있었다. "당신
의 이름은 무엇입니까? 저는 커트입니다"라고 갑자기 일
본어로 자기소개를 했다.

모바일홈파크(트레일러하우스 주차장) 관리인 빅터 베르난데스 (49)는 푸에르토리코계 미국인으로 트럼프의 인종차별적 언동과 이슬람교도를 멸시하는 태도에 고개를 저었다.

트럼프가 당선된 후 당시의 취재 메모를 읽고 놀란 것은 빅터가 1년 전부터 대통령 선거에서 트럼프가 당선될 거라고 예언했다는 것이다. 미국 미디어 대부분이 '열기는 곧 식을 것이다!'라고 계속 말했던 시기이다.

빅터는 "이 나라에는 불만이 잔뜩 쌓인 사람이 많아. 트럼프한테는 돈이 있기 때문에 여타 정치인과 달리 특정 업계 단체의 헌금에 의지하지 않고 하고 싶은 말을 자유롭게 할 수 있어. 하물며 그 목소리는 무척 크지. 원래 (TV 방송에 출연 중인) 유명인이기도 하고. 미국인은 그런 사람을 좋아해. 트럼프가 당선될 가능성이 높아. 공화당 예비선거에서 이기는 것은 물론이고 진짜 대통령이 될 가능성이 있어."

"근데 개인적으로는 그것이 올바른 선택이라고 생각하지 않아. 그가 좋은 정치인이 될 거라고도 생각하지 않아. 그는 경영자로서 여러 차례 파산했었어. 아직 누구에게

투표할지 진지하게 생각해보지 않았지만, 트럼프가 아닌
건 확실해. 난 그를 도저히 좋아할 수가 없어"라고 했다.

빅터의 부모님은 푸에르토리코 이민자고 그는 민주당
지지자로 자랐다.

잠자코 듣고 있던 커트가 "난 빅터의 의견하고 완전히
반대야. 트럼프를 100% 지지해. 이 나라에는 기업경영자
마인드로 지휘할 지도자가 필요해. 미국도, 일본도, 세계
도 커다란 금전등록기야. 거기에 들어 있는 돈보다 더 많
이 써선 안 돼. 근데 그 규칙이 지켜지지 않고 있어. 아무
렇지 않게 빚을 늘리는 사람이 연달아 대통령을 하고 있
어. 그것을 멈춰야만 해. 기업경영도 빚만 계속 지다간 도
산하잖아? 트럼프가 기업처럼 미국을 경영해주면 좋겠어"
라고 반론했다.

빅터와 커트가 떠난 후 나는 다이너에서 취재 메모를
정리했다. 잠시 후 계산하려고 했더니 점원이 "아까 그 사
람들이 계산하고 갔어요"라고 했다.

난 겨울 연휴 중이라 아내도 함께 왔기 때문에 족히 20 달러(약 22,000원)는 더 나왔을 터였다.

이때가 처음이었지만 이후로도 '트럼프 왕국'을 취재하면서 이런 일을 종종 겪었다. 좌우간 남을 잘 챙긴다. 얻어먹기만 하자니 미안해 다음에는 내가 밥을 사겠다고 했고 그런 식으로 친해지게 됐다.

역시 트럼프로 찍었어

2016년 3월. 대통령 선거는 공화당과 민주당의 양당 후보자를 한 명으로 좁히는 예비선거와 당원집회로 한창이었다. 트럼프는 2월에 뉴햄프셔주New Hampshire 예비선거에서 첫 승리를 하자, 3월의 슈퍼 화요일Super Tuesday(미국의 일부 주에서 예비선거가 행해지는 날-역자 주)에도 압승을 했고, 가장 유력한 후보자로서 입지를 굳히게 됐다.

핵심인 오하이오주에서도 3월 15일에 공화당 예비선거가 치러졌다. 주 전체에서는 현직 주지사 케이식이 1위를 하고 트럼프가 2위를 했다. 하지만 카운티별 결과를 보면 빅터가 사는 영스타운(마호닝카운티)에서는 트럼프가 압승이 었다. 트럼프는 해당 지역 주지사보다도 많은 인기를 모으고 있었던 것이다.

난 1월 1일에 알게 된 빅터에게 전화를 걸어보았다. 트럼프에게 비판적이던 그가 이번 예비선거에서 누구에게 투표를 했는지 알고 싶었기 때문이었다. 그러자 놀라운 대답이 돌아왔다.

"나도, 역시 트럼프로 찍었어."

그는 약 2개월 전 취재 때 트럼프를 도저히 좋아할 수 없다며 미국의 장래를 걱정했었다. 대체 그에게 무슨 일이 있었던 것일까. 충분히 이유를 설명해주겠다기에 다시한 번 서둘러 영스타운으로 갔다.

이번에도 일전의 그 다이너에서 만났다. 빅터는 지난번에도 같이 있었던 가구 제조자 커트, 친구들에게 정치에 밝다는 평가를 받고 있는 전직 보안관대리 데이비드 에이(52)도 데리고 나와 주었다.

데이비드가 두 사람에게 말했다.

"공화당에서 인기 2위인 테드 크루즈(상원의원)의 아내가 골드만삭스Goldman Sachs라는 초대형 투자은행의 간부 출신인데, 이 회사가 민주당의 힐러리 클린턴에게 3회 강연료로 총 67만 5,000달러(약 7억 5,000만 원)를 지불했다더군."

커트는 금액이 너무 커서 감이 오지 않는다는 표정을 지은 후 고개를 갸웃거렸다.

"난 이해를 잘 못하겠어. 크루즈는 공화당이고, 힐러리는 민주당 후보자잖아? 그 골드만삭스란 회사는 어느 쪽 편인 거야?"

빅터가 끼어들었다.

"그런 얘기가 아니잖아? 대기업 입장에서는 정당 따위 어느 쪽이든 상관없는 거야. 잘 나갈 것 같은 녀석한테 돈을 준다. 그게 '영향력을 산다'고 하는 거 아니겠냐? 크루즈랑 힐러리 둘 다 기득권층이란 소리야."

이 같은 대화 내용을 왜 소개하는가 하면, 2016년 대통령 선거 때는 좌우간 '기득권층'에 대한 비난의 목소리가 높았기 때문이다. 정당과 상관없이 일단 '기득권층'이라는 인식이 퍼지면 두 번 다시 만회가 불가능하다고 할 정도로 비난이 거셌다.

이것이 끝까지 유지되면서, 클린턴을 괴롭히고, 자칭 '아웃사이더'라던 트럼프를 승리로 이끌었음에 틀림없다. 세 사람의 의견은 "크루즈도 힐러리도 신용할 수 없다!"는 것으로 일치됐고, "역시 차기 대통령은 트럼프야!"라며 의기투합했다.

지역 보안관의 설명

데이비드와 커트는 초등학교 5학년 때부터 친하게 지낸 친구이다. 지역의 폴란드 중고등학교를 같이 졸업하고 해병대에 들어갔다. 두 사람 모두 자신은 전형적인 중류 계급 출신이라고 했다. 데이비드 아버지는 보험업자로, 어머니는 스쿨버스 운전기사로 정년까지 근무했다. 커트는 9살부터 목장 일을 도왔다.

내가 "애초에 왜 민주당원이 된 거죠?"라고 세 사람에게 묻자, 커트는 "그런 건 생각해본 적도 없어. 여기는 원래 노동자의 도시야. 땀 흘리며 일하는 사람은 다 민주당원이었지"라고 말했다. 데이비드는 "여기서는 당시 사람들 대부분이 민주당원으로 태어나고 자랐어. 내가 젊었을 때 민주당은 노동자를 잘 챙겨주는 정당이었지. 근데 대략 10~15년 전부터 민주당은 노동자한테서 긁어모은 돈을, 사실은 일할 수 있는데 일하려고 하지 않는 놈들에게 나눠주는 정당으로 바뀌었어. 돈을 노동자 계급에게 지불케 하는 정당이 된 거야"라고 대답했다.

데이비드의 설명에 빅터와 커트 두 사람도 고개를 끄덕였다. 민주당에 정이 떨어진 이유는 알게 됐다. 그럼 왜 트럼프 지지자가 됐는가? 이것이 이날 취재의 가장 큰 목적이었다.

이 질문에 대답하기에 앞서 데이비드는 2가지를 강조했다.

① 자신은 해병대를 제대한 후 고향 마호닝카운티의 보안관 대리로서 22년간 근무했다. 제철소가 차례로 문을 닫았고 지역 경제가 정체된 가운데 악화되는 치안 상태를 현장에서 직접 목격했다. 운 좋게 집을 매각한 주민부터 차례로 도망

치듯 교외로 빠져나가는 도시의 모습을 지켜봐야 했다.

② 아내는 아프리카계 미국인이고, 결혼한 지는 22년이 됐다. 자신은 인종 편견을 갖고 있는 사람이 아니다.

이와 같이 전제를 깔고 다음과 같이 대답했다.

"1970년대 이후 공장 일이 해외로 유출되면서 수입이 줄었고 젊은이가 이 도시를 떠나는 건 당연한 일이 됐어. '어째서 인건비가 싼 국가들과 경쟁하지 않으면 안 되는 거지?' 하는 의문만이 쌓였지. 일자리가 넘치고, 젊은이가 많고, 활기로 가득한 시대는 이제 돌아오지 않는다는 것도 잘 알아. 그래서 왜 이렇게 된 건가 하는 '불만'과, 이 도시에서 살아갈 수 있을까 하는 '불안'이 이 도시에는 가득해."

데이비드는 먼저 경제적 불만과 불안에 대해 말했고, 그다음 '공평성'으로 화제를 바꾸었다. 이는 프롤로그에서 소개했던 텍사스주 지지자들의 목소리와 완벽하게 일치한다.

"불법 이민자와 일하지 않는 놈들의 생활비를 우리가

지불하고 있다는 건 사실 다들 진작부터 눈치채고 있었어. 문제라는 것은 알았지만 우리에게 여유가 있어서 생활에 별다른 영향이 없었을 때는 그냥 방치했었지."

"그런데 수입이 눈에 띄게 줄어들기 시작했고, 더는 예전 같은 생활을 할 수 없다는 걸 알게 됐을 때 많은 중류 계급이 '더는 남의 생활비까진 지불하지 못하겠다!'고 주장하기 시작했어. '여태까지 한 것만으로도 충분하다!', '일을 공평하게 처리하라!'는 목소리가 높아졌고, 한계에 달하려는 시점에 트럼프가 등장한 거야. 우리가 생각하던 것을 한 번에 대통령 선거의 중심 테마로 부상시켜주었어. 그것만으로도 트럼프에게 감사해."

여기까지 단숨에 말한 다음, 데이비드는 계속해서 트럼프에게 감사하는 마음을 늘어놓았다.

"그는 돈, 호화 저택, 비행기, 골프장, 뭐든 다 갖고 있어. 지금보다 돈을 더 많이 번들 큰 의미가 없지 않을까? 그는 그저 애국심으로 몸소 팔을 걷어붙이고 나랏일을 해주려는 거야."

'과연 데이비드!'란 표정으로 듣고 있던 커트도 말했다. "트럼프는 자기 돈으로 선거 운동을 하고 있어. 당선되고 특정 업계의 꼭두각시가 되는 정치인하고는 차원이 달라."

빅터가 트럼프 지지자로 돌아선 이유를 설명했다.

"보다시피 데이비드랑 사람들 얘기를 듣다 보니 맞는 말이라는 생각이 들더라고. 특정 업계의 돈으로 선거에서 당선된 대통령은 결국 아무것도 바꿀 수 없어. 제약업계한테서 거액의 헌금을 받은 대통령의 임기 중에는 약값이 내려갈 리 없지. 업계도 아무 의미 없이 돈을 건넬 리 없잖아? 지금도 트럼프의 편견과 증오를 선동하는 언동은 좋아하지 않지만, 그에게는 비즈니스적 재능이 있어. 한번 아웃사이더에게 시켜보는 것도 나쁘지 않을 것 같아."

1월 1일 취재 때는 트럼프에 반대했던 빅터가 완전히 트럼프 지지자가 되어 있었다.

눈물로 말하는 '진정한 영웅'

데이비드가 "그런데!"라며 화제를 전환했다.

"혹시 짐 트래피컨트james traficant라고 알아? 2년 전에 사고로 죽었는데, 여기서 트럼프가 얼마나 인기가 많은지 알고 싶으면 그에 대해 조사해봐. 재미있을 거야. 좌우간 둘이 판박이거든."

데이비드는 말을 이었다.

"트래피컨트는 영스타운(제17 선거구)에서 선출된 하원의원으로 현재 트럼프랑 같은 걸 주장했어. 그가 수도 워싱턴에서 살았을 때도 보통 정치인은 더할 나위 없이 좋은 집에서 사는데 그는 놀랍게도 포토맥 강Potomac River에 묶어놓은 소형 나무 보트에서 살았어. 뭐 트럼프도 그 짓은 못하겠지만."

잡담을 나누고 있던 빅터와 커트도 트래피컨트 이야기가 나오자 잠자코 귀를 기울였다.

"그의 전설이 시작된 건 제철소의 잇따른 폐업으로 실업자가 급증했던 1980년대부터야. 집세를 낼 수 없게 된 노동자에게 재판소는 강제퇴거명령을 내렸어. 하지만 보안관이던 트래피컨트는 '노동자는 잘못이 없다!'고 선언했고 집행명령을 무시해 형무소로 보내졌어. 그는 노동자 편이었지."

어느새 데이비드의 눈에 눈물이 고였다. 빅터와 커트도 묘하게 숙연한 모습이었고, "그는 진정한 영웅이었어"라고 중얼거렸다.

지역 신문에 따르면 트래피컨트는 영스타운의 어느 트럭 운전기사의 막내로 태어났다. 고등학교와 피츠버그대학 때는 미식축구 쿼터백으로 활약했다. 보안관으로서 강제퇴거 집행명령에 불복했을 때는 3일간 형무소에 연금됐었다. 또 포토맥 강에서 지내던 나무 보트를 판 뒤에는 의회 사무소에서 숙식했다고 한다.

1984년 연방 하원의원 선거에 민주당으로 입후보해 처음으로 당선됐다. 수도 워싱턴에 가서도 '반기득권층' 태도를 관철함으로써 두터운 지지를 받았고 연속 8회에 걸쳐 재선출되는 쾌거를 이루었다.

트래피컨트과 트럼프

다이너에서 헤어지고 며칠 뒤 데이비드한테서 메일이 왔다. 트래피컨트의 연설 동영상이었다. 재생해보았다.

"국경이 개방된 상태에서 어떻게 나라의 안전을 지킬 수 있을까요? 국경을 넘어오는 게 일자리를 구하려는 억울한 멕시코인뿐이라고 생각합니까? 총기 밀수업자와 테러리스트, 약물 밀수업자에 대해서도 생각해보길 바랍니다."

트럼프랑 똑같다. 트럼프는 '강간범'이라고까지 불렀지만 말이다. 트래피컨트는 계속해서 말했다.

"해외 파견 중인 군대 1만 명을 귀환시켜 국경을 지키도록 배치해야 합니다! 그런 제안을 했더니 날 인종차별주의자 혹은 편견을 갖고 있는 사람이라며 비판하더군요."

트럼프의 '멕시코 국경 장벽'과는 다르지만, 국경 경비 강화라는 취지는 완전히 똑같았다. 두 사람을 비판할 때 쓰는 말이 '인종차별주의자'와 '편견을 갖고 있는 사람'인 것까지 같았다.

정치인으로서 연설도 잘하는 것 같다. 오바마 같은 고상함도 없고, 탄성을 지르게 하는 메시지도 없다. 하지만 말투가 거칠어 청중을 질리게 하지 않는다. 예를 들어 다음과 같다.

"(국경 경비 강화를 주장하는) 제 이야기를 듣고 여러분은 생각했을 겁니다. 미국에도 국경경비대가 어느 정도는 있을 거라고. 아니요! 국경 2마일(약 3킬로미터)당 1명밖에 없습니다. 각자 본인의 집을 기준으로 2마일을 상상해보세요. 거기에 1명밖에 없는 거예요. 미국에는 국경 경비가 없어요. 그들이 무능하다는 게 아니라 인원이 부족하다는 말을 하는 겁니다!"

트럼프처럼 고용도 단골 주제였다.

"오늘날 고용은 멸종위기 동물과 다름없습니다. 일자리 하나에 100명이 지원합니다", "위스콘신주에 있는 기업 할리데이비슨Harley-Davidson이 조합에 말했어요. '타협이 성사되지 않으면 위스콘신주에서 나가겠다!'고. 세제稅制와 규제가 기업에 부담으로 작용하고 있어요. 미국 노동자는, 지금에 와서는 자국 국내정책의 희생자입니다."

구체적으로 회사명을 언급하는 점도 트럼프와 같다. 트럼프가 연설에서 자주 언급했던 것은 멕시코로 이전하겠다고 발표했던 공조기기 메이커 대기업 캐리어Carrier Corporation였다(캐리어는 트럼프가 당선된 후 공장 이전 계획을 일부 변경. 트럼프의 정치 개입으로서 주목을 모았다).

자유무역협정을 비판하는 것도 같다. 트래피컨트가 그중에서도 표적으로 삼은 것은 같은 민주당 대통령 빌 클린턴Bill Clinton이 서명해 1994년에 발효된 북미자유무역협정NAFTA이었다. 트럼프도 현재 NAFTA의 '재교섭 또는 탈퇴'를 주장하고 있다.

트래피컨트가 당시 "대통령이든 민주당이든 공화당이든 상관없다! 더 이상 사람들을 힘 빠지게 하는 법안에는 반대한다!"며 하원에서 주장했던 연설은 지금도 사람들에게 회자되고 있다.

트래피컨트의 만년은 불우했던 모양이다.

2002년에 수뢰죄로 유죄판결을 받고 의회에서 추방됐다. 워싱턴포스트에 따르면 남북전쟁 이후 의회에서 추방된 두 번째 사람이었다. 2009년에 석방됐다 2014년 9월에 트랙터 전도사건을 일으키고 영스타운 시내 병원에서 사망했다. 향년 73세였다.

트럼프가 대통령 선거에 입후보 의사를 표명한 것은 트래피컨트가 죽은 지 9개월 후이다.

노동조합에서 위원장으로도 근무했던 전직 도로작업원 존 미글리오기(제1장에서도 등장)는 마찬가지로 근무처 제철소에서 노동위원장을 역임했던 아버지가 트래피컨트의 열렬한 지지자였기도 하여 트래피컨트가 첫 당선됐을 때부터 선거를 도왔다고 한다. 지역 어린이들의 이름도 한 번에 기억하는 트래피컨트를 '매력적인 사람'이라고 진심으로 생각했다.

미글리오기는 이번 대통령 선거에서 트럼프 지지자로 돌아섰다.

"트래피컨트는 노동자의 속마음을 있는 그대로 표현해줬어요. 비판 따위 전혀 신경 쓰지 않았죠. 낯짝이 두꺼웠어요. 하지만 민주당 방침에 계속 등을 돌렸기 때문에 결국에는 수감되고 말았어요. 트럼프가 공화당 주류파에 발목 잡히고 있는 것과 완전히 똑같아요."

트래피컨트는 지역의 영웅이었다. 반면 이번 대통령 선거에서 트럼프의 활약상은 전미로 퍼져나가고 있다. 지역에 전해 내려오는, 트래피컨트가 1980년대부터 반복했다는 경고는 마치 지금을 예언하고 있는 것 같아 흥미롭다.

"현재의 (서민을 등한시하는) 무역정책 등을 계속한다면 현재 영스타운에서 벌어지고 있는 일(산업 쇠퇴)은 결국 전미 각지에서 벌어지게 될 것이다."

대낮의 바에서 정치토론

다이너에서 지역 영웅 이야기를 끝까지 다 들었을 때쯤 빅터가 "그럼 바에 가서 한잔할까?"라며 입을 열었다. 아직 해가 중천에 떠 있는 오후 2시 경이었다. 내가 당황하자 "거기에 가면 트럼프 지지자의 진심을 더 자세하게 들을 수 있어!"라며 제안했다.

나는 그의 픽업트럭 뒤를 쫓았다. 강변을 따라 잠시 달렸더니 한 채의 바가 나왔다.

"지금은 아무것도 없지만 옛날에는 강가를 따라 주르륵 제철소가 늘어서 있었어"라고 바에 들어가기 전에 빅터가 말해주었다. 당시 제철소 앞 도로는 혼잡해 경찰관이 3교대제로 교통정리를 했다며 그리운 듯 옛일을 회상했다.

점내에 들어가자 백인 7명이 카운터를 둘러싸고 있었다. 크리스트교의 부활절(2016년 3월 27일)이 하루 앞으로 다가온 토요일 오후였다. "집에 있으면 가족들이 귀찮아해서." 일본 술집에서도 곧잘 들을 법한 변명을 하며 남자들이 맥주를 마시고 있었다. 이미 얼굴이 빨개지도록 위스키를 마신 남자도 있었다.

"오늘은 일본 기자도 왔으니까 정치 얘기 금지도 해금이야!" 단골인 빅터가 선언하자 방금 전까지 TV로 농구 시합을 관전하던 전직 경찰관 도널드 스콜론(70)은 갖고 있던 가방에서 금발 가발을 꺼내 머리 위에 올려놓고 말하기 시작했다. 금발 가발은 당연히 트럼프 흉내이다. 이름도 우연히 트럼프하고 같다.

"난 오랫동안 민주당원이었는데, 예비선거(3월 15일 실시) 때 공화당으로 갈아탔고 트럼프한테 투표했습니다. 11월 본선 때는 여러분도 공화당으로 갈아타세요!"

여기에도 있었다. 도널드도 트럼프 지지자로 돌아선 전 민주당 지지자였다.

도널드는 현역 시절에 마찬가지로 경찰관인 쌍둥이 동생과 함께, 총을 든 범죄자를 상대하는 것도 두려워하지

트럼프 가발을 쓴 전직 경찰관 도널드 스콜론

않아 '크레이지 카우보이'라고 불렸다고 한다. 확실히 얼굴은 무섭게 생겼지만 익살꾼이었다.

도널드는 트럼프 사진을 카운터에 늘어놓고 자랑하기 시작했다. 사진은 트럼프가 근처 공항에 유세하러 왔을 때 찍은 것으로, 도널드는 제일 뒷줄에서 연설을 들었다고 했다.

사진을 자세히 보니 도널드는 지금과 똑같은 가발을 쓰고 있었고, 트럼프는 엄지손가락을 들어 '굿 사인'을 보내고 있었다. 카운터에 앉아 있던 손님 중 한 명이 "이 사진, 굉장한걸!"이라고 말하자 도널드는 크게 웃으며 좋아했다.

시종일관 카운터 안쪽에서 질린다는 표정으로 듣고 있던 여성 점원이 드디어 입을 열었다.

"난 싫어. 인종 차별도 그렇고, 여성 비하도 그렇고, 하나부터 열까지 다! 사회 분단을 종용하는 트럼프 같은 대통령 따위 딱 질색이야!" 정말로 불쾌한 듯했다.

위스키를 마셔 혀가 꼬인 남자가 "트럼프에, 고집불통 크루즈(공화당 예비선거 후보)에, 사회주의자 버니 샌더스Bernie Sanders(민주당 예비선거 후보)······. 이상한 후보자뿐이라 투표할

맘도 안 나"라고 웅얼거리자 점원이 호통을 쳤다. "보통 선거를 실현하기 위해 선조들이 얼마나 열심히 투쟁했는데! 그 권리를 행사하지 않는다는 건 말도 안 돼!" 카운터에 앉아 있던 손님들이 박수를 쳤다.

도널드는 "진정들 해!"란 말로 달래며 이번에는 가방에서 트럼프 배지를 잔뜩 꺼내 "트럼프를 차기 대통령으로!"라며 손님들에게 돌렸다. 배지는 4종류였다. 트럼프의 얼굴 사진과 캐치프레이즈 '미국을 다시 위대하게!'가 디자인되어 있었다.

모두 도널드가 직접 만든 배지였다. 지금까지 2,000개를 만들어 주변 사람들에게 무료로 배포했다고 했다. 내가 배지를 찬찬히 들여다보자 도널드가 말했다.

"오늘 배지 만들 건데, 댁도 같이 만들어볼래?"

재미있을 것 같아 동참하기로 했다. 술을 안 마신 내가 핸들을 잡고 조수석에는 얼큰하게 취한 도널드를 태운 채 그의 집으로 향했다. 방금 전까지 기분 좋게 마셨으면서,

"어젯밤에도 마셔가지고 오늘은 마시고 싶지 않았어"라고
투덜거렸다.

차에서 트럼프를 지지하는 이유에 대해 물었다. 도널드
는 좋은 이야기를 들려주었다.

"이 계곡(도시)에서 완전히 일자리가 없어져 버렸어. 제철
소가 활기로 넘쳤을 때는 주변 서비스업을 비롯해 모두가
윤택했었지. 근데 도시의 엔진이 멈추자 모든 게 움직이
지를 않아. 우리 주의 케이식 주지사는 균형 재정을 실현
하기 위해서라며 공공서비스를 중단하기 시작했어. 결국
학교 교육에서 그 영향이 나타나고 있지. 음악과 미술 수
업을 점점 줄이고 있어. 이 나라는 결국 미래에까지 손을
대기 시작한 거야. 학교 교육은 미래에 대한 투자야. 트럼
프는 그런 말은 안 해. 그는 미국의 고용률을 회복시키겠
다고 공약했어. 성공한 사업가니까 할 수 있을 거야. 여태
까지의 직업 정치인들은 제대로 못했으니까 이번에는 사
업가한테 시켜보려고!"라고 기대를 털어놓았다.

사실 도널드도 고등학교를 졸업하고 경찰관이 되기까
지는 제철소에서 근무했었다. 이 지역 사람이 공통적으로

하는 말인데, 당시에는 막 고등학교를 졸업한 미경력자도 일자리를 구할 수 있었고 봉급도 어엿한 한 명의 몫을 제대로 받을 수 있었다고 한다.

도널드는 "여기 사는 사람은 다들 인생에서 한 번은 제철소에서 일한 적이 있어. 정말로 하고 싶은 직업을 찾게 될 때까지의 유예 기간으로 삼는 사람도 있었고, 대학교를 다니면서 일하는 사람도 있었고, 뭐 다양했지"라고 알려주었다.

2층짜리 단독주택에 도착했다. 테니스코트 5개는 만들 수 있을 것 같은 넓은 앞마당에는 잔디가 깔려 있었다. 배지 공방은 차고 옆에 있었다. 트럼프의 얼굴 사진이 인쇄된 용지가 쌓여 있었다. 도널드는 수동식 제조기를 탁상에 올려놓고 철컥철컥 익숙한 손놀림으로 배지를 제작하기 시작했다.

차고에는 '크로스오버(지지 정당 변경)하고 트럼프에게 투표를!'이라고 큼지막하게 쓰여 있는 수제 플랜카드 5장이 있었다. 공화당의 트럼프에게 투표하도록 오랜 민주당원에게 호소하기 위한 선거 도구로, 예비선거 전에 노상에서

'크로스오버하고 트럼프에게 투표를!'

PR 활동을 했었다고 했다.

당연히 트럼프 진영 측의 부탁으로 이런 활동을 하는 것인 줄 알았는데, 자원봉사이고 자신의 아이디어로 활동 내용을 정한다고 했다. 배지 제작 비용은 아이디어가 재미있다며 지역 자산가가 전액 기부해주었다고 했다.

일본에서는 좀처럼 볼 수 없는 유형의 선거 자원봉사였다. 트럼프의 대통령 당선을 믿으며 본인의 아이디어로 선거전을 응원하는 도널드. 대통령 선거를 즐기는 그의 방식을 보며 조금 부럽다는 생각이 들었다.

제3장
지방의 젊은이들

실직 중인 지노 지오포

러스트벨트에 가면 바로 알 수 있는 것이 몇 가지 있다. 도시 이곳저곳에 쓰러져가는 민가와 공장이 있다는 것이다. 빈민 지역에 들어가면 폐가가 줄지어 늘어서 있고 도로의 포장 상태도 나빠진다.

잦은 왕래를 통해 알게 된 것도 있다. 약물 복용 및 그로 인한 범죄의 만연이다. 바에서 술을 마시고 있으면 술 취한 젊은 백인이 약물을 하지 않겠느냐며 말을 걸어온다. 그 도시에서 살고 있는 대다수 젊은이는 폐쇄감과 실업으로 고민에 빠져 있다.

나는 트럼프의 폭언을 지지하는 젊은이를 한 번도 만난 적이 없다. 그저 그들의 공통된 바람은 "남다른 행동력을 가진 지도자가 현 상태를 바꿔주길 바란다!"는 것이었다. 모든 것이 파멸되길 바라는 심리와도 흡사하다.

그들이 마시는 것은 1잔에 2달러짜리 생맥주이다. 뉴욕 맨해튼의 바에서 마시면 1잔에 8달러이다. 트럼프 현상의 배경에는 지역 격차가 있다. 경제뿐만이 아니라 희망에도 격차가 나고 있다. 본장에서는 '젊은이' 6명의 이야기를 소개하겠다.

오늘 아침에 친구가 죽었어

2016년 11월 10일 오하이오주 트럼불카운티 거리를 운전하는 중에 취재자한테서 핸드폰으로 전화가 걸려왔다.

"오늘 아침에 친구 벤이 죽었어요. 37살에, 아이도 아직 어린데."

전화를 걸어온 사람은 트럼불카운티에서 트럼프 지지자 리더를 맡고 있는 데이나 카즈맥(38)이었다. 전화선 너머로 슬픔이 전해져 왔다. 그녀는 말을 잇지 못하고 있었다.

"사인은요?" 하고 내가 묻자 데이나가 대답했다.

"또 약물 과다 복용. 내 남동생하고 같아요."

친구가 죽은 충격이 컸다. 데이나는 4년 전에도 친구처럼 자란 1살 어린 남동생 다니엘을 헤로인 중독으로 잃었다. 당시 33살이었다.

벤은 남동생 다이엘의 동급생이다. 벤은 어릴 때부터 친하게 지낸 데이나의 소꿉친구이기도 했다. 데이나와 같은 동네에서 자란 두 사람이 모두 30대에 목숨을 잃었다.

약물 중독이 만연되어 있음을 알 수 있었다.

서둘러 도착해보니 데이나는 근무처 두 곳 중 한 군데 인 바에서 핸드폰에 저장된 웃고 있는 벤의 사진을 들여다보고 있었다. 벤의 옆에는 아기도 찍혀 있었다.

멍한 상태로 데이나가 중얼거렸다.

"벤은 누나 리아랑 같이 어릴 때 우리 집 간이 풀장에 자주 놀러 왔었어요. 그때 생각이 나네. 벤네 엄마하고 우리 엄마가 같은 호텔에서 일했거든요. 그래서 학교에 안 가는 날에는 다 같이 호텔에 놀러 가서 자고 오기도 하고 그랬어요."

남동생을 헤로인 중독으로 잃은 데이나(왼쪽). 남동생의 영정 사진 앞에서 어머니와 함께 촬영

"남동생이 죽었을 때 벤은 다른 지역에

있었는데, 여기로 돌아오자마자 제일 먼저 내가 아르바이트하는 데로 날 만나러 와줬어요. 그리고 남동생이 죽었을 때 같이 있어주지 못해 '미안하다'고 했고, '다니엘은 데이나를 정말로 사랑했어'라고도 말해줬어요."

오하이오주에서는 2014년에 2,744명이 약물 과다 복용으로 죽었다. 오하이오주의 10만 명당 사망자 수(조정값)는 24.6명이다. 질병대책센터에 따르면 오하이오주가 전미에서 다섯 번째로 높다. 최악은 웨스트버지니아주West Virginia로 35.5명, 두 번째는 뉴멕시코주New Mexico 27.3명, 세번째는 뉴햄프셔주 26.2명, 네 번째는 켄터키주 24.7명이다. 오하이오주 동쪽으로 인접해 있는 펜실베이니아주도 21.9명으로 높다.

제철 및 탄광 등의 주요 산업이 쇠퇴한 지역과 거의 일치한다. 데이나는 젊은이의 실업과 보이지 않는 전망이 약물 중독의 배경에 있다고 생각한다. 그녀는 만연하는 약물 중독과 그로 인한 범죄 및 사회 문제 증가를 널리 알리기 위해 내게 벤을 소개해주려고 했다. 그 찰나에 날

아든 부고였다.

데이나에게 그 소식을 알린 사람은 그녀가 일하는 카페의 사장이었다. 데이나가 카페에 도착하자 사장은 "나쁜 소식이 있어!"라며 사진 한 장을 건넸다. 사진에는 카페 옆 건물에서 붉은색 시체 운반용 부대를 밖으로 꺼내 검시관의 차에 싣는 장면이 찍혀 있었다.

"누구예요?", "벤이야."

교제 중이던 여성이 아침에 벤을 깨우려고 했는데 이미 죽어 있었다고 했다.

데이나는 남동생과 벤뿐 아니라 친했던 고등학교 때 친구도 약물 중독으로 잃었다. 카페 근처에 그 친구의 이름을 새긴 벤치가 있다. 최소한 그들의 존재를 잊고 싶지 않은 마음에 그녀가 직접 새긴 것이었다.

중년 백인의 사망률 상승

대통령 예비선거를 앞두고 분위기가 고조되기 시작한 2015년 11월, 미국에서 논문 하나가 많은 사람의 주목을 끌었다. 「중년 백인의 사망률 상승—중독과 정신 건강 문제가 장기간에 걸쳐 개선해온 장수의 흐름을 반전시켰다」 (월스트리트저널Wall Street Journal).

뉴욕타임즈New York Times도 거의 비슷한 표제를 1면에 게재했다. 기사는 다음과 같이 시작된다.

'중년 백인 사이에서 충격적인 무언가가 진행되고 있다. 다른 연령층, 다른 모든 인종과 민족, 다른 여유로운 국가의 동세대와 달리 사망률이 저하되지 않고 상승하고 있다.'

즉 여타 선진국과 미국 내 다른 인종 및 연령층은 의료 발전 등의 영향으로 사망률이 낮아지고 있는데 예외적으로 미국 백인 남성(45~54세)의 사망률은 높아지고 있다는 조사 결과가 공표된 것이다.

이 세대 백인 중년의 사망률은 1978~1998년에 걸쳐서 평균적으로 연 2%의 페이스로 낮아졌는데, 다음 해인 1999년부터 2013년까지는 0.5%씩 증가했다. 만약 이전과 같은 페이스로 사망률이 저하됐다면 동기간에 약 49만 명이 희생되지 않았을 것이라는 계산이 나온다. 그중에서도 고졸 이하 중년 백인의 10만 명당 사망자 수가 1999~2014년 사이에 134명으로 눈에 띄게 증가했다.

사망률 상승 원인은 심장병과 당뇨병 같은 전형적인 이유가 아니라 자살과 약물 남용에 기인한 것이었다. 처방된 진통제의 남용, 알코올성 간 질환, 헤로인 과잉 복용도 포함된다.

뉴욕타임즈는 지역별 비교 자료도 게재했다. 특히 오하이오주 동부를 포함하는 '애팔래치아 지역'과 미국 남서부에서 2000년대 초반부터 약물 과잉 복용으로 인한 사망이 급증했으며 도시 지역을 앞질렀다고 지적했다.

지금 미국에서 무슨 일이 벌어지고 있는 것인가. 제3장은 데이나의 이야기부터 시작하고자 한다.

무관심층에서 리더로

하루하루의 삶을 위해, 자녀를 양육하기 위해 투잡·쓰리잡을 뛰는 사람은 일본에도 많다. 미국도 마찬가지다.

오하이오주는 대통령 선거의 격전이 펼쳐지는 지역이

다. 오하이오주 동부의 트럼불카운티에서 트럼프 지지자 대표를 맡고 있는 데이나 카즈맥도 그런 사람 중 한 명이다. 선거전에 대한 그녀의 열정은 지역에서도 유명하다. 트럼프 지지자 사이에서 일종의 존경을 받고 있다.

트럼불카운티는 이번 대통령 선거에서 여러 가지로 주목을 모았다. 블루칼라 노동자가 많고 노동조합도 많다. 그래서 민주당 후보가 늘 승리하는 지역이었는데 트럼프가 대통령 선거에서 이를 뒤집었다. 그 원동력이 된 것이 데이나처럼 일찍이 정치에 무관심층이었던 사람과 민주당에서 공화당으로 돌아선 사람들의 성원이었다.

데이나에게는 4명의 자녀가 있다. 제일 어린 아이가 4살이고, 제일 큰 아이가 19살이다. 어머니의 도움을 받아가며 양육해왔다. 낮에는 카페에서 일하고 밤에는 바에서 일한다. 대통령 선거로 바빠지기 전에는 부업으로 호텔 객실 청소와 식육 포장 등의 일도 했었다.

내가 처음으로 데이나를 만난 것은 2016년 3월 25일 금요일이었다. "꼭 좀 인터뷰하고 싶습니다!"라고 전화로 취재 요청을 했더니 "밤에는 바에서 일하니까 한잔하러 올래요?"란 대답이 돌아왔다.

바는 트럼불카운티의 지라드란 도시에 있었다. 데이나는 점내를 바쁘게 뛰어다녔다. 손님 20명가량의 주문을 받고, 음료와 음식을 서빙하고, 계산도 하고, 잡담에 말상대도 해주었다. 점내에 있는 사람은 모두 백인이었다. 내가 입점하자 데이나가 바로 알아보고 웃는 얼굴로 인사를 건네주었다. 싹싹해서 처음 만나는 건데도 그렇게 느껴지지 않았다.

너무 바빠 보여서 난 카운터에 앉아 데이나의 일하는 모습을 바라보고 있었다.

카운터에 앉아 있는 손님은 청바지에 티셔츠, 점퍼 차림을 한 남자들이었다. 뒷주머니에 고무장갑이 꽂혀 있거나, 발끝에 보호용 쇠붙이가 들어 있는 작업화를 신고 있거나, 가방에 헬멧이 달려 있어 블루칼라 노동자라는 것을 한눈에 알 수 있었다.

데이나는 손님 전원을 알고 있었다. 손님을 퍼스트 네임으로 부르며 "오늘도 늘 먹던 거 먹을 거지?"라고 물었다. 이날은 취재를 포기했다. 식사를 마치고 돌아가려는데 데이나가 말을 걸었다. "일요일에도 이 도시에 있을 건가요? 부활절인데 우리 부모님 집으로 햄 먹으러 오지 않을래요?"

데이나의 부모님 집은 교외에 위치한 1층짜리 단독주택이었다. 미국의 평균적인 사이즈였다. 친척뿐 아니라 동네 사람도 모여 방방마다 사람으로 가득했다. 햄과 햄버거, 감자 샐러드를 먹었다. 데이나는 4명의 아이들과 함께 와 있었다. 장녀에게는 세 살배기 딸이 있다고 했다. 데이나에게는 손녀이다.

담배 피면서 얘기하자기에 밖으로 나와서 앉았다. 그녀의 이야기를 통해 트럼프 지지자가 처해 있는 상황과 생각, 정치에 무관심하던 사람이 선거전에 몰두하기까지의 경위를 알 수 있다. 과장일지 모르나 '풀뿌리 민주주의'의 모습도 볼 수 있을지 모른다.

살아온 이야기

제 이름은 데이나예요. 브룩필드Brookfield란 마을에서 태어났어요. 이 동네에서 나가본 적이 없어요.

이곳 브룩필드고등학교를 졸업하고 엄마가 점장으로 일하는 식당 일을 돕기 위해 같이 일하기 시작했어요. 80호선 길가에 있는 트럭숍 식당이에요. 넓은 주차장이 있었고, 철근 등을 운반하는 장거리 트럭 운전기사가 주요 고객이었어요.

데이나가 고등학교 졸업 후
16년간 근무한 핫도그 전문점
'Jib Jab'의 타점포

혹시 '집잽Jib Jab'이라고 아세요? 알 리가 없겠네요. 이 지역에서 인기 있는 핫도그 체인점이거든요.

전 단골 고객의 이름을 외워가며 필사적으로 일했어요. 일하는 건 좋아해요. 가만히 있는 것보다 손님하고 얘기를 나누는 게 즐겁거든요. 또 식당에서 받은 봉급으로 지금까지 애들도 키운 거니까. 고등학교 졸업 후 제 인생의 절반은 육아였고, 절반은 집잽이었어요.

근데 2012년 10월에 제가 일하던 가게가 폐점 위기에 빠졌어요. 트럭 교통량이 격감한 게 이유였어요. 제가 일하기 시작했던 1990년대부터 이미 제철소가 차례로 폐쇄되면서 손님도 조금씩 줄기 시작했어요. 16년간이나 근무했던 식당이 문을 닫으면서 엄마랑 같이 동시에 실업자가 됐어요. 인생의 절반을 보낸 곳이었기 때문에 폐점은 그야말로 충격이었어요. 근데 정신을 차리고 보니 고등학교 때 친구의 40%가 이미 마을을 떠났더라고요. 이 직업 저 직업을 전전하는 애도 많았어요. 전 그나마 나은 편이었던 것 같아요.

여기서 젊은이가 밝은 미래를 그리는 건 어려운 일이에요. 겨우 남아 있는 제철소에서 일자리를 구한다면 좋겠지만 그것 외에 일자리라고는 음식점하고, 소매점하고, 병원뿐이니까요. 전 피를 무서워해서 병원에서 일하긴 힘들어요. 그래서 지금도 카페하고 바에서 평일 주말 할 것 없이 일하고 있는 거예요. 임금이 싸니까 아무래도 장시간 노동을 할 수밖에 없죠. 흔히 말하는 워킹 푸어working poor(직업의 불안정성과 소득의 불규칙성 등으로 인해 아무리 열심히 일해도 가난에서 벗어나지 못하는 근로빈곤층-역자 주)예요.

이번에는 남동생 얘기를 좀 할게요.

남동생은 헤로인 중독으로 2012년에 죽었어요. 33살이었죠. 저하고는 15개월 차이가 났고 친구처럼 자랐어요. 같이 고등학교를 다녔고 각자의 파트너와 함께 고등학교 프롬prom(댄스파티)에도 참가했어요. 정말로 좋은 추억이었어요(눈물을 글썽임). 고등학교를 졸업한 뒤에는 제철소에서 용접공으로 일하기 시작했는데 가족 중 누구보다도 봉급을 많이 받았기 때문에 멋있었어요.

그런데 2008년에 제철소가 폐쇄되면서 일자리를 잃었어요. 동생에게 문제가 있었던 게 아니에요. 재취직이 잘 안 돼 점점 집에만 틀어박혀 있게 됐어요. 헤로인을 손에서 놓지 못하게 된 것도 그때부터였던 것 같아요. 일이 있으면 아무도 헤로인 따위에 손대지 않아요. 자세한 건 몰라요. 남동생한테서 걸려오는 전화 횟수가 점점 줄었기 때문에 실직으로 우울해하고 있다는 건 눈치챘었지만 설마 그렇게까지 심각할 줄은. 이미 늦었던 거죠.

남동생이 죽은 건 식당이 문을 닫아 엄마와 내가 실직한 5일 후였어요. 이 도시에서 일자리가 없어졌고, 그 영향으로 남동생도 엄마도 나도 일자리를 잃었고, 남동생은 죽고 말았어요. 그 충격적인 사건이 단 5일 만에 집중적으로 다 일어난 거예요. 지금도 믿을 수가 없어요.

실직 후 망연자실하고 있는데 가족한테서 연락이 왔어요. "우리 집안에 초상이 났으니 병원으로 오렴"이라고. 전 당연히 연세가 있으시니까 아버지일 거로 생각했었는데 전화가 한 번 더 걸려왔고 그때 남동생이라는 사실을 알게 됐어요. 지금도 밤에 핸드폰이 울리거나 사이렌 소리가 들리면 그날 밤이 떠올라요.

남동생은 사업가 도널드 트럼프의 골수팬이었어요. 고등학교 때 '누가 대통령이 되면 좋을까?'란 주제의 작문 숙제를 받았던 적이 있어요. 전 영화 '프리티 우먼Pretty Woman'의 주연 배우 줄리아 로버츠Julia Roberts라고 썼고, 남동생은 트럼프라고 쓴 다음 서로 바꿔서 봤어요. 재밌는 작문이었어요. 이 나라에서는 비즈니스에서 성공한 사람이 존경을 받아요. 특히 남동생은 트럼프를 좋아했어요. 나중에 악수하고 싶고 또 그처럼 성공하고 싶다고 쓰여 있었어요.

난 그 글을 기억하고 있었기 때문에 트럼프가 출마 표명을 했을 때 무척 놀랐어요. 넋을 놓고 연설을 들었어요. 남동생이 살아 있었다면 기꺼이 선거전을 필사적으로 도왔겠다 싶었어요. 사실 진영의 정식 자원봉사자가 되기 전부터 멋대로 여기저기에 전화를 돌렸어요. "저기, 너 그 연설 들었어? 트럼프 연설 말이야. 꼭 들어! 보통 후보가 아니니까"라며.

그는 사업가예요. 이러쿵저러쿵 말하는 사람이 있는 모양인데 제대로 사람과 자금을 관리해 회사를 성장시켰잖아요? 그게 국가 지도자에게 가장 필요한 능력 아닌가요? 제대로 미국을 운영해 우리 같은 서민이 일할 수 있는 나라로 만들어줄 사람이 필요해요. 뭐, 전 이제 스스로 중류계급이라고 생각하지 않지만요.

데이나를 다시 일어서게 한 연설

난 그날 밤 숙소에서 트럼프의 출마 연설을 다시 들어
보았다.

"우리나라는 심각한 문제를 안고 있어요. 과거에는 싸
웠다 하면 승리했던 미국이 지금은 허구헌날 지기만 합니
다. 마지막으로 미국이 이겼던 게 언제죠? 중국과의 무역
교섭은 어땠나요? 일본한테 뭔가로 이겼던 적이 있나요?
도쿄東京에서 (미국 자동차) 시보레를 마지막으로 봤던 건 언제
인가요? 시보레 따윈 도쿄에 있지도 않습니다. 미국은 늘
일본한테 집니다."

"미국의 진짜 실업률은 18~20%! (정부 통계인) 5~6%란 말을
믿어선 안 됩니다. 일을 구하지 못하는 건 일이 없기 때문
입니다. 중국인과 멕시코인이 우리 일을 차지하고 있어
요. 그들이 우리 일을 빼앗아 간 겁니다!"

"전 하나님이 창조한 것 가운데서 일을 창출하는 가장
멋진 대통령이 될 겁니다. 제가 일자리를 중국과 멕시코,
일본한테서 되찾아 올 겁니다!"

"미국의 자유 무역 교섭인들은 바보 머저리라서 이익단체의 꼭두각시 노릇만 합니다!"

"미국으로 마약과 범죄가 흘러들고 있습니다."

데이나의 마음에 와닿았을 문구가 여럿 포함되어 있었다. 평론가가 "트럼프의 연설은 현 상태에 대한 비판과 슬로건뿐으로 구체적인 해결책은 제시한 것이 없다"고 아무리 지적해도 좌우간 데이나는 이 연설을 듣고 희망을 느꼈다. 이날 데이나는 다시 일어섰다고 했다.

선거전을 어떻게 펼쳤는지도 말해주었다.

솔직히 말해 동생이 죽기 전까지는 정치에 관심이 전혀 없었어요. 선거 운동이 처음인 것은 물론 애당초 투표조차 해본 적이 없어요. 그랬던 제가 트럼프의 응원에 나선 거예요.

아이들을 아침 버스에 태워 학교에 보낸 다음 커피 한잔을 들고 전화를 돌리기 시작했어요. (오하이오주 동부의) 트럼불카운티, 마호닝카운티, 컬럼비아나카운티Columbiana County의 3카운티가 제 담당이었어요. 펜실베이니아주와의 주 경계에 세로로 서로 이웃해 있는 3카운티예요. 대충 이런 식으로 전화를 걸었어요.

"전 데이나라고 해요. 트럼프를 응원하고 있어요. 당신도 지지해주실 의향이 있으신가요?"라고 먼저 물어요. 상대가 "아직 결정 못 했다"고 하면 "제가 뭐 도와드릴 일이 있을까요?", "관심 있는 주제가 있으신가요?"라고 질문해요. 관심 있는 주제가 있다고 하면 트럼프의 입장을 설명해 줘요.

충분히 대화를 나눈 사람은 트럼프의 매력을 알게 됐다고 말해줬어요. "저랑 이야기를 나누는 데 시간을 할애해 줘서 고마워요", 혹은 "자원봉사에 당신이 시간을 이렇게 많이 할애한다는 사실만으로도 충분히 느낌이 오네요. 그만큼 매력이 있는 거겠죠. 저도 트럼프한테 투표하겠어요"라고 말해주면 보람이 느껴졌어요. 하루에 11시간이나 통화한 적도 있어요. 자원봉사 활동 실적이 진영 컴퓨터에 기록되는지, 놀라는 사람도 있었어요.

예비선거 전에는 선거사무소를 지키기도 하고, 집이나 가게에서 지지자 집회를 개최하기도 했어요. 좋았던 점은

"줄곧 민주당이었는데 어떻게 하면 공화당에 투표할 수 있죠?"라고 묻는 사람을 많이 만났던 점이에요. 종래의 민주당 지지자들이 트럼프를 응원하기 위해 공화당으로 유입되고 있어요.

예비선거가 끝날 때까지 제 핸드폰은 쉴 새 없이 울려댔어요. 전화를 못 받은 경우에는 꼭 다시 전화를 드렸어요. 캐나다에서 "응원하고 싶다!"며 전화를 걸어온 사람도 있어 웃지 않을 수 없었다니까요.

예비선거 때 제가 담당한 3개 카운티에서 트럼프가 이겼어요. 너무 기뻐서 점점 더 열심히 하게 됐어요. 전화 작전의 타깃을 다른 주로까지 넓혔어요. 하와이주Hawaii, 메릴랜드주Maryland, 애리조나주Arizona, 위스콘신주, 아이오와주, 워싱턴주 등에 전화를 걸었어요.

선거의 즐거움을 배웠어요. 여태까지는 공부에 전혀 관심이 없었는데 지금 수업을 받으려고 알아보는 중이에요. 정치학이라고 하나요? 커뮤니티컬리지 강좌라면 조금씩 공부할 수 있을 것 같아서요. 늦어도 대통령 선거 종료 후에는 시작하고 싶어요. 장래에 저도 지역 선거에 출마하고 싶다는 생각까지 하게 됐어요.

데이나는 여유롭게 취재를 했던 적이 거의 없다. 첫날은 우연히 부활절과 겹쳐 데이나의 부모님 댁에서 취재할수 있었지만 그 후에는 거의 근무시간 짬짬이 해야 했다. 오전 9시부터 오후 3시까지는 카페에서 일했고, 그다음에는 바에서 심야까지 일했다. 주말에도 똑같이 근무했다.

화려한 당대회

트럼프가 대통령 대선후보로 정식 지명된 2016년 7월 공화당 전당대회에 데이나도 '산업정책 실정의 피해 지역의 한 사람'으로서 초대됐다. 선거전에 대한 공헌도를 높이 평가한 결과라는 소식에 눈물이 나왔다고 했다. 스테이지로부터 멀리 떨어진 좌석에서 화려한 당대회를 지켜봤다. 불과 1년 전까지만 해도 '아웃사이더' 또는 '이단아'라며 트럼프에게 싸늘한 시선을 보냈던 공화당이 눈앞에서 트럼프 후보의 탄생에 열광했다.

트럼프는 수탁 연설에서 이렇게 강조했다.

"매일 아침 저는 전미에서 만난 지금까지 괄시 받고, 무시 받고, 버림 받아온 사람들의 목소리를 전해야겠다고 결심합니다. 저는 구조조정 당한 공장 노동자와 최악으로 불공평한 자유 무역으로 파탄 난 도시들을 찾아다녔습니다. 그들은 모두 '잊혀진 사람들'입니다. 필사적으로 일하는데도 그 목소리를 아무도 들어주지 않는 사람들입니다.

트럼프가 공화당 대선후보로 정식 지명된 전당대회
(오하이오주 클리블랜드)

전 당신들의 목소리입니다!"

사람들은 트럼프를 연호하며 함성을 쏟아냈고, 이어서 "USA!"를 외쳤다. 데이나는 트럼프가 자신들의 이야기를 해주고 있다는 생각에 동료와 얼싸안고 기뻐했다.

독신이라서 생계를 유지할 수 있는 것이다

데이나가 고등학교를 졸업하고 16년간 근무한 핫도그 전문점의 단골 중 한 사람이 트럭 운전기사 딘 셸번디(50, 펜실베이니아주 그린빌Greenville 거주)이다. 그도 열렬한 트럼프 지지자이다.

난 펜실베이니아주 샤론Sharon의 바에서 딘을 만났다.

그는 철강전문 운수업자이다. 1980년대부터 초대형 트레일러로 펜실베이니아주 피츠버그Pittsburgh 일대의 제철소에서 각지로 철을 운반했다. 그것이 각지 공장에서 가공되어 '메이드 인 USA' 자동차와 냉장고가 됐다. 시대를 거슬러 올라가면 미국의 번영을 상징하는 뉴욕의 엠파이어스테이트 빌딩과 브룩클린 다리에도 피츠버그의 철이 사용됐다. 이 나라의 번영을 뒷받침했다는 실감이 일대 노동자의 자랑이었다.

"내가 운반한 철이 뭐가 되고 있냐고? 뭐 지금은 스프 캔이지." 딘은 쓴웃음을 지으며 대답했다. "대형 제철소는 다 폐쇄돼버렸고 남아 있는 건 소규모 제철소뿐이야."

아버지도 철강 전문 트럭 운전기사였다. 조수석에 앉아 있는 것을 좋아했던 딘은 오하이오와 펜실베이니아 양쪽 주에 있는 제철소 이름을 유소년기에 이미 다 외웠다.

지역 그린빌고등학교를 1983년에 졸업하고 망설임 없 이 핸들을 잡았다. 아버지와 함께 운수회사를 운영했고 전성기에는 운전기사 40명을 고용했었다. 트럭 1대로 연 매출 10만 달러(약 1억 1,000만 원)를 올렸다. 평생 직업이라고 생각했었다.

상황이 안 좋아지기 시작한 것은 1990년대부터였다. 북 미자유무역협정NAFTA 발효(1994년) 시점과 겹쳐진다. 일대 의 제철소 규모가 축소됨에 따라 트럭을 처분했고 결국에 는 딘 한 명만 남았다.

연 수입은 3만 달러(약 3,300만 원)로 줄었다. "독신이라서 생계를 유지할 수 있는 거야. 주변은 온통 실업자뿐이야. 다들 취직 활동을 포기해서 표가 안 나는 것뿐이지 실제 실업자는 국가 통계의 두 배는 돼."

그린빌은 화물열차 제조로 유명한 도시였는데 이제는 그 흔적도 찾아볼 수 없다.

트럼프를 지지하는 가장 큰 이유는 멕시코 및 중국 등과 무역 교섭을 다시 하고, 해외로 빠져나간 제조업을 회복시키겠다고 공약했기 때문이다. "대형 컨테이너선이 물건을 가득 싣고 미국으로 들어와 쿵 하고 짐을 내려놓고

트럭 운전기사로 일하며 도시의 쇠퇴 과정을 지켜본 딘 셸번디

텅 빈 상태로 빠져나가는 걸 용납할 수가 없어."

스폰서의 로고가 박힌 정장

제철업과 제조업의 뒤를 이어 당연히 주변 산업도 쇠퇴
했다.

바에서 잔을 기울이며 가게 주변을 흐르는 강을 가리켰다.

"지금에 와선 상상도 안 되겠지만, 약 20년 전까지만 해
도 강을 따라서 공장과 제철소가 늘어서 있었고 활기로
넘쳤어. 샤론 스틸은 정말 대단한 공장이었지."

"우리 고장 그린빌은 지금은 인구 6,000명밖에 안 되는
도시가 됐지만, 전에는 제철소가 10개나 있었어. 못 믿겠
지? 그린빌에 10개나 있었다니까."

멕시코와 중국과의 무역 교섭을 다시 하고 고용을 회복
하겠다……. 딘은 이제 막 공화당의 정식 대통령 후보가
됐을 뿐인 트럼프의 그 같은 호소에 무척 마음이 끌렸다.

그린빌은 "거의 모든 사람이 실직 상태"라고 했다. "결
국은 고용이지. 고용이 제일 큰 문제야. 일이 있으면 아무

도 약물 따위 안 해. 일하러 가야 되니까."

"젊은 사람은 일이 없으면 정말로 힘들어져. 트럼프가 해외에서 들어오는 철에 높은 관세를 부과해 공평하게 경쟁할 수 있게 해줬으면 좋겠어."

딘은 마지막으로 공화당 전 대통령 부시도 비판했다.

"이 나라의 가장 큰 문제는 직업 정치인이 존재한다는 거야. 업계한테 헌금을 받기 때문에 서민보다 업계의 이익을 우선하지. 자동차 경주 선수처럼 정치인한테도 스폰서의 로고가 박힌 정장을 입혀야 한다고 생각해. 내 아이디어 어때? 한눈에 저 녀석은 제약업계 대변인이고, 이 녀석은 군수 산업 대변인이라는 걸 알 수 있잖아?"

딘의 아이디어에 주위의 트럼프 지지자는 "아이디어 끝내준다!"며 흥분했다.

우연히 쇠락한 도시에 태어났을 뿐

딘을 만난 바에서 펜스 공장 노동자 로니 리카도나(38)도 술을 마시고 있었다.

"나도 이민족 출신이라서 트럼프의 인종차별적 발언에는 거부감이 들어."

처음에 로니는 트럼프의 언동에 문제가 있다고 지적했다. 그의 할아버지는 이탈리아에서 탄광과 제철로 번영한 펜실베이니아주로 건너왔고 탄광 노동자로 일해 일가를 부양했다고 한다.

"이 나라는 우리 할아버지한테 기회를 주었어. 미국은 세계의 현관문에 해당하는 국가니까 인종과 종교로 차별하는 사람이 대통령이 되어선 안 돼. 당신은 일본 사람이지? 만약 일본 정치가 개판이 되면 미국에 난민 신청을 하면 돼. 미국은 전 세계 사람을 받아주고 기회를 주는 나라니까."

근처 강가에는 과거에 제철소가 즐비했었지만 세계화에 따른 국제 경쟁에서 밀려 대부분 폐쇄되고 축소됐다. 빈 공장과 집이 눈에 띄었다. 바 근처에는 선로가 깔려 있지만 이제는 아무도 이용하지 않는다. 역사도 레스토랑으로 개장됐다.

"내가 근무하는 펜스 공장은 전 세계에서 쇠 파이프랑

철관을 수입해. 놀랍지 않아? 예전에 이 일대는 세계 유수의 철 생산지였었는데 지금은 인도, 중국, 이탈리아에서 수입을 한다니까. 이 도시는 지역 경제가 붕괴된 '쇠락한 도시'야. 그래, 미국의 그야말로 슬픈 도시지."

로니는 처음에 '코미디언'이라고 내게 자기소개를 했다. 그것을 증명이라도 하고 싶은 냥 "트럼프가 국경을 지킬 수 있게 튼튼한 펜스를 만드는 중이야"라고 농담을 했다. 코미디언이 되고 싶은 꿈을 아직 포기하지 못한 모양이었다. 나는 망설이고 망설이다 눈을 딱 감고 물어보았다.

"여기를 '쇠락한 도시'라고 부르면서 왜 이사를 가지 않죠? 여기서는 코미디언이 되기 어려울 것 같은데."

로니는 잠시 침묵하다 말했다. "당신 말이 맞아. 뉴욕이나 로스앤젤레스 같은 도시에서 살아야 하는 게 맞지. 근데 고등학교 때 친구랑 가족이 나한테는 중요해"라고 대답했다.

그리고 말을 이었다. "사실은 여러 차례 밖으로 나갔었어. 근데 매번 정신을 차리고 보면 고향으로 돌아와 있더라고. 여기는 나쁜 데가 아니야. 친구도 있고 가족도 있으니까. 근데 생계를 유지하기는 힘들어. 그저 우연히 태어 난 곳이 '쇠락한 도시'인 것뿐이야"라며 잔을 기울였다. 그 리고 "다른 시대, 다른 도시에 태어났다면 다른 인생을 살 았겠지"라고 말했다.

트럼프의 인기가 높은 오하이오주 트럼불카운티의 브 룩필드고등학교를 졸업했다. 18살 때는 동급생 중에서 "장래에 미국의 리더가 될 사람"으로 선출되어 고등학교 를 대표해 수도 워싱턴에 일주일간 머물며 지역 선출 의 원 및 정부 직원들과 간담회를 가지기도 했다.

대학에서 디자인과 광고를 공부했지만 납득할 만한 급 료를 받을 수 있는 일을 찾지 못해, 두 번째로 간 대학에 서는 아버지와 똑같이 항공관제를 전공했다. 2008년에 우 수한 성적으로 졸업하고 연방항공국에 원서를 제출했다. 언젠가 고용될 거로 믿고 바텐더로 일하며 매년 원서를 제출했고 신체검사도 계속 받았다.

"근데 8년이 지났고, 이 모양 이 꼴이야." 그 후 연령제 한이 생겨 원서 제출조차 할 수 없게 됐다.

"나이를 너무 많이 먹었다는 거지. 대학 학비로 7만 달러(약 7,800만 원)를 대출받았는데 쓸모없게 됐어. 국가한테 버림받았어. 솔직히 좀 더 정신이 나가도 될 것 같아."

성장 가능성이 없는 일

6살 된 아들을 혼자서 키우고 있다. 주 5~6일, 하루에 8~12시간가량 펜스 공장에서 일한다.

"여기에서 꼼짝할 수가 없어. 꼼짝도 못 한 채 성장 가능성 없는 일dead-end job을 하고 있어. 데드 엔드 잡, 데드 엔드 잡, 데드 엔드 잡, 데드 엔드 잡!!"

로니는 아래를 내려다보며 "데드 엔드 잡"이라고 4번을 반복하고 "영원히 성장 못 해!"라고 말할 때쯤, 도중에 동석했던 로니의 고등학교 때 여자 친구가 로니의 등을 쓰다듬어 주었다.

로니는 계속해서 말했다. "여기 있는 소중한 사람들이 내 전부야. 그치만 아들이 고등학교를 졸업하면 '이 도시를 당장 버려라!'라는 말만큼은 분명하게 할 작정이야."

나는 로니의 이야기를 듣고 10년 전 오사카大阪 가도마
시門真市에서 취재했던, 배송 센터에서 근무하는 남성의
이야기가 떠올랐다.

나는 그와 동세대(당시 20대)였고, 곧잘 게이한혼센京阪本線
철도 가도마역 앞의 쇼핑몰 2층에 있는 중화 식당에서 저
녁 세트 메뉴를 먹으며 취재를 진행했었다.

반년 정도 취재했는데 그는 결국 부모님 댁이 있는 후
쿠이 현福井県으로 돌아갔다. 이유는 근무처에서 바코드

펜스 공장 노동자, 로니 리카도나

인식기를 도입한 후로 거의 근속 10년이 된 그와 신입 사원 사이에 역량 차이가 없어졌다고 느껴졌기 때문이었다. 물품을 배송처별로 구분하는 일은 오사카 내의 지명과 분류가 머릿속에 들어있지 않으면 효율적으로 할 수 없는 일이다. 과거에는 이 부분에서 경험의 차이가 드러났다.

그런데 바코드가 도입되자 기계로 삑 하고 찍기만 하면 구분처가 자동적으로 표시됐다. 상사는 대형 설비 투자의 성과를 강조했지만, 그는 "이것으로 경력이 무의미해졌어. 고등학생 아르바이트생과 나의 차이를 알 수 없게 됐다"며 우울해했다.

1기 4년만 맡겨보고 싶다

이번 대통령 선거 때는 어떻게 할까.

로니는 처음에 "빌 클린턴이 최고의 대통령이었어. 힐러리도 괜찮겠다 싶은 건 덩달아서 빌도 정치권으로 돌아올 테니까. 오바마도 좋아. 남을 공격하지 않는 그를 100% 지지했어. 그가 뜻대로 실적을 낼 수 없는 건 (공화당이 다수인)

의회의 협력을 얻을 수 없기 때문이야"라고 대답했다.

민주당을 지지하게 된 이유는 가정환경에 있었다.

항공관제사로 근무하던 아버지가 1980년대 공화당 레이건 정권 때 해고를 당했다. 그때까지 공화당 지지자였던 아버지가 "공화당 후보한테는 두 번 다시 투표하지 않겠어!"라며 하나님에게 맹세하던 모습을 지금도 기억하고 있다. 아버지는 스쿨버스 운전기사와 공장 노동자로 일하며 어떻게든 가족을 부양했다. 그리고 1992년 대통령 선거 때 빌 클린턴이 승리해 민주당 정권으로 다시 바뀌자 아버지는 항공관제사로 재취직이 됐다. 그 후 가족은 모두 민주당 지지자로 정착됐다.

로니도 선거권이 생긴 이래 줄곧 민주당 후보를 지지해왔다.

"근데 지금의 생활, 그리고 도시를 생각하면 이번에는 트럼프를 찍어도 재미있을 것 같다는 생각이 들어. 그는 오바마하고는 정반대로 품위가 없어. 하지만 생각하는 바를 솔직하게 말하지. 그게 매력이야. 물론 너무 솔직하게 말하기 때문에 외국과의 관계를 망칠 우려가 있어. 근데 누가 대통령이 되든 이 지역을 위해 할 수 있는 건 거의 없어. 그렇다면 트럼프 같은 남자한테 딱 4년만 시켜보는 것도 괜찮지 않을까? 한번 시켜놓고 뭘 할 수 있는지 지켜보고 싶은 심정이야. 이 지역에는 큰 변화가 필요하니까."

나는 오바마와 트럼프는 많은 점에서 정반대이기 때문에 두 사람을 모두 지지하는 건 있을 수 없는 일이라고 생각했는데 로니의 이야기를 듣고 견해가 바뀌었다. 로니가 마지막으로 말했다.

"이번에는 트럼프한테 투표할 거야. 그 녀석은 상대가 권위 있는 사람이라도 기죽지 않고 맞받아치는 카우보이야. 속마음을 그대로 드러내지. 엘리트가 지배하는 워싱턴을 부수기 위해서는 그 정도는 되는 꼴통이 필요해. 1기 4년 동안만 시켜보고 싶어."

시계를 바라보니 밤 10시가 가까웠다. 내일 아침에도 공장에서 펜스를 만든다. "트럼프가 말했잖아? 멕시코와의 경계에는 펜스가 필요해."

마지막에도 농담을 하고 돌아갔다.

신나서 여행 이야기를 하는 남자

오하이오주 지라드의 바에 있던 용접공 토마스 비가리노(42)에게 말을 걸어보았다. 대통령 선거 이야기를 기대했는데 처음 30분간은 그가 해외여행에 다녀온 이야기를 들어야 했다.

"내가 장기 휴가를 다녀온 얘기를 좀 들어봐. 굉장하다고! 바로 지난주 얘기야."

토마스가 핸드폰에 저장된 사진을 보여주었다. 수상 제트 스키를 즐기는 사진이었다. "이게 나야. 굉장하지? 5미터 높이까지 튀어 오른다니까. 어디서 찍은 건지 알아? 바베이도스Barbados! 마치 천국 같은 곳이야."

바베이도스. 카리브해 서인도제도의 섬나라이다. 들어본 적은 있지만 가본 적은 없다. 그렇게 대답하자 토마스는 핸드폰에서 지도 앱을 열고 위치를 설명해주었다.

"이 사진도 굉장하지? 100장이나 찍었어."

석양이 지평선으로 가라앉는 사진이 대량으로 저장되어 있었다. 확실히 아름다웠다.

"누구든 이런 사진을 얼마든지 찍을 수 있어. 눈 감고 셔터만 눌러도 이런 사진이 찍혀. 크흐, 정말 천국이 따로 없다니까!", "여권을 만들길 잘했어. 진짜로 장기 휴가 덕분에 다시 태어난 것 같아. 장기 휴가가 필요해."

옆에서 이야기의 반절 정도를 그냥저냥 듣고 있던 여성이 중얼거렸다.

"흐음. 나도 여권을 만들까?"

"만들어. 도시 밖으로 나가는 건 좋은 일이야. 난 정말로 장기 휴가 덕분에 죽다 살아났다니까. 필요해, 필요해. 바베이도스의 어부도 좋은 녀석들이라 잡은 생선을 눈앞에서 회 떠서, 그 자리에서 먹게 해줬어. 어찌나 맛있던지."

여행 이야기를 하는 토마스는 조금 흥분돼 보였다. 나는 "내게는 장기 휴가가 필요해!"란 말이 마음에 걸렸다.

42살에 처음으로 무보험자가 되다

토마스의 핸드폰에는 직장의 사진도 저장되어 있었다.

사람 키의 두 배가량 되는 두꺼운 파이프가 찍혀 있었다. 거기서 남자가 뭔가 작업을 하고 있다. 토마스는 자신이 하는 일에 대해 설명해주었다.

"여기 찍혀 있는 게 나야. 대형 가스 파이프라인을 옥외에서 용접하는 장면이야. 힘든 일이지. 매일 밤 피곤해서 손도 움켜쥐기 힘겨울 정도야. 이렇게 주먹을 쥘 수가 없게 돼. 손이 아파. 매일 밤 너무 아파. 더는 일을 못 하겠다는 생각에 겨우 휴가를 얻어 바베이도스에 갔어. 그때 나한테는 장기 휴가가 필요했어."

지금까지 여권이 필요 없는 캐나다에는 갔던 적이 있지만, 제대로 된 해외여행은 인생 42년 만에 처음이었다. 토마스의 이야기는 현재 생활에 대한 불안으로 넘어갔다.

"자네는 보험에 가입되어 있나? 그런가? 일본인이 부럽네. 난 이렇게 일하고 있는데 직장에서 납부 못 하겠다고 해서 결국 무보험자가 됐어. 벌써 42살이잖아? 걱정돼. 언제 병이 날지 모르잖아. 42살에 처음으로 무보험자가 됐어."

그러자 테이블 반대편에 앉아 있던 술 취한 백인 중년

남성이 대화에 끼어들었다.

"우리 회사는 택배 배송 센터인데 보험은 최고야. 병원에 갈 것도 걱정이 안 돼. 대기업이라 독자적으로 보험을 운용하고 있어."

토마스가 부러워하자 남성은 어깨를 떨구었다. "근데 시급은 13달러(약 14,000원)야. 최근 몇 년간 오르질 않았어. 보험은 좋지만 (다른 일과 비교했을 때) 시급이 낮아."

토마스는 자기 이야기를 계속했다. "오바마케어 책임이야. 납입금이 훌쩍 뛰어 회사가 보험을 잘라내 버렸어. 피해를 본 건 나뿐만이 아니야."

오바마케어란 오바마 정권하에서 시작된 '전 국민 보험'을 목표로 하는 의료보험제도 개혁 법안이다. 정권은 '무보험자 2,000만 명이 구제됐다!'며 실적을 강조했지만, 2017년에 보험료가 20% 이상 오를 것이라는 계산이 대통령 선거 직전에 발표됐다. 지역에 따라서는 2배 이상 오르는 경우도 있을 것이라고 한다. 저소득자에 대한 지급이 급증한 것 등이 배경에 있는 듯하다.

트럼프는 선거 기간 중 대체 방책은 구체적으로 제시하지 않고 오로지 오바마케어의 즉각적 철폐만을 공약으로 내세웠다. 토마스는 이 철폐 방침을 열렬히 지지한다.

토마스는 주립대학에서 경영학 학위를 취득했지만 "전혀 전공을 살리고 있질 못해. 만약 20년 전으로 인생을 되돌릴 수 있다면 자동차 정비라든가, 용접이라든가, 더 내 손을 쓰는 기술을 익히고 싶어. 그야말로 지금 매일 하고 있는 일을 제대로 배웠어야 했어."

학비 변제 잔액은 현재 8만 달러(약 8,900만 원)가 남았다. 매월 700달러(약 78만 원)씩 변제하느라 힘이 든다.

"42살이 되도록 도움도 안 되는 학위 취득 비용을 변제하느라 고통받고 있어. 아이들 양육비, 식비, 가솔린비를 내고, 가끔 술을 한잔하면 손에 남는 게 거의 없어. 웃을 수 없는 얘기야."

"학생은 대학을 다니며 빚을 지고, 배를 불리는 건 대학뿐이야. 학위 따위 다 사기야."

"트럼프한테 뭘 기대하느냐? 미국을 다시 위대하게 만들어주는 거, 그거면 돼."

영스타운의 폐건물이 된 공장

8개월간 142사에 낙방하다

오하이오주 영스타운. 내가 여느 때와 같이 바의 카운터에 앉자 눈앞에 위스키 샷 3잔이 주르륵 늘어섰다. 낯익은 카운터의 남성 손님들이 씨익 하고 웃었다. 전에도 같이 마셨던 면면들이 한턱낸 것이다. 이 도시에 온 방문객은 좀처럼 자기 돈으로 계산하기가 쉽지 않다.

위스키는 캐나다의 블랙 벨벳Black Velvet이었다.

어디든 마찬가지지만 내어준 술을 맛있게 다 마시면 주위 사람들이 엄청 기뻐한다. 오늘은 친구가 호텔까지 데려다주기로 약속했기 때문에 마음 놓고 술을 마셨다. 술기가 돌았다.

옆에 앉아 있던 덩치 큰 남성이 "슬로피조sloppy joe는 좋아하나?"라고 내게 물었다. 토마토소스로 맛을 낸 다진 소고기를 번(빵의 일종)에 끼워 먹는 미국 가정 요리이다. 이 남성의 아내가 만들어줬다면서 "먹어! 먹어!"라고 했다.

단골인 빅터 헤르난데스(49)는 만족스러운 듯 "그래, 오늘은 어느 트럼프 지지자의 이야기가 듣고 싶지? 오늘의 추천 메뉴는 미스터 지노 지오포다!"라고 말했다.

야구모자를 쓴 지노 지오포(32)는 활짝 웃으며 인사를 건네주었다. 통나무처럼 팔뚝이 두꺼웠다. 지노는 자리에서 일어나 "다른 룸으로 가자"고 했다. 아무래도 진지하게 얘기할 모양이다.

"최근 8개월간 142사에 지원했는데 일을 구하지 못했어. 필사적으로 찾고 있는데. 이러다간 이 도시를 떠날 수

밖에 없겠다는 생각이 들어. 현금이 다 떨어져서 집도 처분했어."

방금 전까지만 해도 쾌활했던 지노가 진지하게 말하기 시작했다.

2016년 1월 28일, 9년간 근무했던 천연가스 채굴 회사를 '자진' 퇴직했다. 운용관리자였는데, 원유 가격이 하락하자 연봉을 반으로 줄이겠다는 통보를 일방적으로 받게 됐다.

오하이오주 동부와 펜실베이니아주에 걸쳐 있는 마세라스 셰일층은 전미 최대의 셰일층이라고 일컬어진다. 그런 마세라스 셰일층 개발을 담당하며 실적을 늘려왔던 만큼 감봉에 납득할 수 없어 선택 해고를 택했다. 해고 수당이 "겨우 2만 달러(약 2,200만 원)였다"며 분통을 터트렸다.

영스타운에서 태어나 민주당원 부모님 밑에서 자랐고 주립대학을 2007년에 졸업했다. 졸업 후 바로 천연가스 채굴 회사에 취직했다. 이 지역 사람이라면 누구나 부러워했던 인생에 그림자가 드리운 것은 국제적 에너지 가격이 침체되면서부터였다. 어쩔 도리가 없었다.

자신은 물론 가족도 민주당 이외 후보에게는 투표했던 적이 없었다. 이 지역의 여타 사람과 마찬가지로 지노도 "민주당원으로 나고 자랐다!"고 자기소개를 했다.

하지만 이번에 처음으로 공화당의 트럼프에게 투표하기로 결심했다.

"오바마의 민주당 외교는 저자세였어. 공화당 정권이었다면 이렇게 원유 가격이 폭락하도록 내버려 두지 않았을 거야. 부시 정권이었을 땐 이런 사태가 벌어졌던 적이 없어. 석유수출국기구OPEC가 미국 경제를 의도적으로 파탄낸 거지. 트럼프라면 틀림없이 그놈들의 파괴 행위를 멈춰줄 거야."

지노는 에너지 산업이 융성했던 시절을 그리운 듯 회고했다. 일당 최고 금액이 700달러(약 78만 원)에 달했을 정도였다. 베테랑 기술자 중에는 일급 1,500달러(약 168만 원)를 받는 선배도 있었다. 평생 이 업계에서 일해야겠다고 마음먹었다.

"노동자에게 돈이 생기면 도시가 윤택해지지. 1박 79달러(약 9만 원)짜리 호텔이 개장해 300달러(약 33만 원)짜리가 되고 그랬어. 밤거리에서는 스트리퍼들도 고수익을 올렸어. 모든 사람 얼굴에서 웃음이 넘쳤었는데…….”

화장실에 가려고 자리에서 일어난 지노가 말했다.

“근데 난 빌 클린턴(전 대통령)은 좋아. 아칸소주Arkansas의 가난한 가정에서 태어나 대통령이 된 남자잖아. 힐러리한 테 전해줘. ‘빌을 부대통령으로 삼는다면 지지해주겠다’고.”

뉴욕은 최고의 도시야

화장실에 다녀온 지노가 샌드위치 가게 점원으로 일하는 자신의 애인 미셸 로리(27)를 소개해주었다. 그녀도 트럼프 지지자라고 했다. “그녀의 이야기도 들어줘.”

미셸의 집은 영스타운에서 약 40년째 샌드위치 가게를 운영 중이다. 그녀도 고등학교를 졸업하고 줄곧 샌드위치 가게에서 일했다. 그녀 이야기의 핵심은 “학력 사회”에 대한 의문과 비판이었다.

미셸(앞)과 지노

"할아버지가 샌드위치 가게를 번창시켰어. 근데 사실 할아버지도 대학교를 중퇴했거든. 성공하고 학력은 상관이 없어. 할아버지를 보면서 '인생이란 흥미롭구나!'라고 생각했고, 대학교에 진학하지 않기로 했어. 할아버지는 '대학교 학비를 내주마!'라고 했지만 거절했어. 스몰 비즈니스(자영업)로 우리 집안이 성장했기 때문에 사업가 트럼프한테 끌리는 거라고 생각해."

그런데 술 마시며 대화를 나누는 사이에 지금 생활에 대한 고민을 털어놓기 시작했다.

"매일 아침 가게에 나가잖아? 그러면 제일 먼저 샐러드를 만들어. 쓰레기도 내다 버리고. 이것도 하고 저것도 해. 근데 뭔가 짜증이 나. 비즈니스에서 성공을 거두었다? 근데 아무것도 달성한 게 없는 것 같은 느낌도 들어. 내가 하는 건 그냥 개떡 같은 육체노동 아닌가 싶은 거지."

"아버지는 15살 때부터 일하셨어. 나보다 훨씬 일찍, 매일 아침 6시에 가게에 나와서 프렌치프라이를 튀겨. 지금 59살인데 평생을 일찍 일어나신 거야, 매일매일! 노동자인 거지. 근데 그걸 누가 알겠어. 이 나라에는 자기밖에 모르는 사람뿐인데. 대통령도 그런 것에 관심 없잖아? 나의 한 표에 어떤 의미가 있는 건지도 솔직히 잘 모르겠어."

미셸은 숨도 쉬지 않고 말했다. 그리고 계속했다.

"가게에서 대학생도 고용하고 있는데 시급 8달러(약 9,000원) 이상은 못 줘. 그만한 가치가 없거든. 게으르고, 쓰레기 버리는 법부터 가르치지 않으면 안 돼. 근데 그런 애들이 졸업증명서를 손에 넣자마자 가치가 올라간다는 게 사실이야? 거짓말이지? 말도 안 돼!"

"미국은 결국 서로가 서로를 속이고 있는 게 아닌가 싶어. 지노한테 얘기 들었지? 지노도 주립대학을 졸업했는데 지금 벌어들이는 돈은 제로야. 대학은 그저 젊은이에게 대출을 받게 해서 돈을 벌어들이는 데가 아닐까? 지금에 와서는 뭐가 옳은 건지 모르겠어."

미셸은 내가 건넨 '뉴욕지국원'이라는 명함을 보며 말했다.

"난 전 세계에서 뉴욕이 제일 좋아. 버스 타고 매년 한 번은 가. 여기에서 편도 40달러(약 45,000원)면 갈 수 있어. 타임스스퀘어의 브로드웨이에 가는 거지. 딱히 쇼핑하는 것도 아니고 그냥 걸어 다녀. 고층 빌딩을 올려다보면 네온사인이 밝게 빛나잖아? 사람도 엄청 많아. 길거리 어디에나 빵집과 커피숍이 있어. 그 도시에서는 내가 살아 있다는 걸 전신으로 실감하게 돼. 황홀하게 만드는 도시야. 대도시에 있으면 내 자신이 작게 느껴지지만, 동시에 장래는 커 보여. 이런 마음 이해해? 자그마한 내가 달성해야할 일이 잔뜩 있는 것 같이 느껴져. 그래, 희망이 있어."

"근데 나한테는 뉴욕에서 살 기회가 없었기 때문에 이 '지독하게 더러운 곳'에 살며 가족을 위해 평생을 바치고 있는 거야."

취해서 그런 건지 말투가 점점 거칠어졌다. 하지만 머리카락을 쓸어 올리며 웃어 보였다.

"실은 최근에 친한 친구가 뉴욕에서 살기 시작했어. 야구장에서 물품 파는 일자리를 구했고, 브룩클린에 있는 월세 700달러(약 78만 원)짜리 집을 룸쉐어 하고 있대. 뉴욕에서 그 정도면 괜찮은 가격이잖아? 난 '진짜 최고다!'라고 했어."

여기까지 말하고 그녀는 일어나 바bar로 돌아갔다.

취재 메모를 정리하고 조금 늦게 바bar로 돌아와 보니, 미셸과 지노가 서로 어깨를 기대고 맥주를 마시고 있었다. 나도 블랙벨벳으로 손을 뻗었다.

제4장
몰락하는 중류 계급

영스타운에 가면 빈집이 눈에 띈다

제1장~제3장에서는 일명 '러스트벨트'의 중앙에 위치하는 오하이오주와 펜실베이니아주의 트럼프 지지자를 소개했다. 제4장에서는 미시간주와 인디애나주Indiana 등 다른 러스트벨트 지역과, 남부의 사우스캐롤라이나주South Carolina와 플로리다주, 그리고 뉴욕주와 뉴햄프셔주의 도시로까지 시야를 넓히겠다.

열심히 일하는데도 예전 같은 생활을 할 수가 없다. 어렸을 때는 가족과 다 함께 매년 여행을 갔었는데 어른이 된 나는 월말에 돈 걱정만 하고 장기 휴가도 즐길 수가 없다. 중류 계급에서 아래로 떨어질 것 같다.

그런 불안과 분노는 각지에 퍼져 있었다. 분노에는 당파성이 없다. 트럼프 지지자에는 공화당원도 있고 전 민주당원도 있다. 공통되는 것은 '엘리트 정치인이 중류 계급의 삶을 희생시켜왔다'는 분노였다. 공화당의 명문 부시 가문과 민주당의 명문이 되어가고 있는 클린턴 가문, 양쪽 모두에 거부감을 강하게 드러내는 사람들을 만났다.

'개탄스러운' 사건

제철업과 제조업 등 주요 산업이 쇠퇴한 '러스트벨트'를 취재하면서 꼭 가고 싶었던 곳이 미시간주의 디트로이트 Detroit였다. 미국을 대표하는 제조업이라고 하면 뭐니 뭐니 해도 자동차 산업일 것이다.

2016년 9월 30일 금요일, '자동차의 도시' 디트로이트에 갈 기회가 생겼다. 트럼프가 디트로이트 교외의 노바이 Novi에서 집회를 한다고 했다.

집회는 오후 5시 시작인데, 나는 정오를 조금 넘겨서 도착했다. 살짝 의욕이 넘쳤나 싶었는데 나보다 더 의욕이 넘치는 사람들이 있었다. 바로 트럼프 지지자였다. 가랑비가 내리는 가운데 이미 수백 명이 행렬을 이루고 있었다.

취재를 시작하자마자 나는 깜짝 놀랐다. 민주당 후보 클린턴이 9월 9일 밤에 트럼프 지지자를 대상으로 한 발언이 지지자의 반발심에 불을 붙였던 것이다.

클린턴이 트럼프 지지자 중 '절반'은 인종차별주의자 및 남녀차별주의자 등, "디플로러블deplorable한 인간들의 집단이다!"라고 발언한 것이다. 나중에 실언했다며 후회했지만 때는 이미 늦었다.

디플로러블은 개탄스럽다, 한심하다, 비참하다는 뜻의 단어이다. 트럼프 지지자끼리 맥주를 마시며 "네 인생도 참 비참하다!"라고 할 때는 웃고 넘길 수 있는 말이다. 그러나 장기간 중앙 정계에 있으면서 월가에서 1회 강연에 수십만 달러를 받는 클린턴에게 듣고 싶은 말은 아니다. 변호사, 대통령 퍼스트레이디, 상원의원, 국무장관…….. 누구나 부러워할 만한 경력을 쌓으며 늘 스포트라이트를 받아온 인간은 서민의 심정을 모른다. 클린턴에 대한 그 같은 분노가 퍼져 있었다.

그 발언을 했던 장소도 나빴다. 뉴욕 맨해튼에서 열린 자금 모금 파티에서였다. 클린턴에게는 자신을 상원으로 보내준 해당 지역이겠지만, 미국 대다수 국민에게 있어서는 눈부신 대도시이다. 동경하는 한편 "저긴 미국이 아니야!"라는 반발심을 갖고 있는 사람도 있다. 그런 도시에서 열린 '자금 모금 파티'였다. '자금 모금 파티'라는 말 자체에서 자금을 제공할 수 있는 부유층만을 초대한 모임이라는 뉘앙스가 풍긴다.

동영상을 보면 그녀는 다음과 같이 발언하고 있다.

"어림잡아 트럼프 지지자의 절반은, 제가 '비참한 사람들의 바구니the basket of deplorables'라고 부르는 곳에 넣을 수 있을 거예요." 회장은 웃음과 환성으로 가득 찼고 클린턴이 "안 그런가요?"라고 묻자 동감을 표하는 박수 소리가 울려 퍼졌다. 트럼프 지지자들은 클린턴이 비참한 자신들의 삶을 맨해튼 부자들 앞에서 조롱거리로 삼았다고 받아들였다.

클린턴은 그 후 "인종차별주의자, 성차별주의자, 동성애주의자, 외국인 혐오자, 이슬람을 무서워하는 사람, 그 밖에도 많죠. 유감스럽게도 이런 사람들은 존재합니다. 그리고 그(트럼프)가 이런 사람들을 부추기고 있어요!"라고 덧붙였다. 클린턴이 '비참하다'고 표현한 사람이 과연 차별주의자와 외국인을 싫어하는 사람들일까.

진의야 어떻든 "클린턴이 트럼프 지지자의 절반을 '비참한 사람들'이라고 표현했다!"는 말이 퍼져나갔다. 보수계 폭스뉴스FOX News는 '예의 없는 발언'이라고 보도했다.

'트럼프당' 지지자

내가 디트로이트 교외 집회를 취재한 것은 클린턴이 이 같은 발언을 한 지 약 20일이 지난 시점이었는데 '디플로러블'이 트럼프 지지자 사이에서 대유행하고 있었다. 반쯤 슬로건화되어 지지자의 결속을 높여주고 있었다.

'난 비참하다!'는 문구가 가슴에 박힌 초록색 티셔츠를 입은 프랑크 멜시카(58)는 내가 카메라를 들이밀자 "비참해서 미안하다!"며 위협하는 모습을 보였다.

등에 커다랗게 '난 비참하다!'고 손으로 직접 쓴 티셔츠를 입은 여성도 "이 굴욕을 일본에 꼭 좀 전해줘!"라며 얼마든지 사진을 찍으라고 했다. 이 여성은 "여자라고 힐러리한테 투표할 거로 기대하지 마! 서민을 깔보는 '기득권층' 후보자는 지지하고 싶지 않아!"라고 강조했다. 주위도 고개를 끄덕였다.

이날 내가 만났던 사람 중 가장 화가 많이 나 있던 사람은 전직 병원근무자 여성 샌디 앨버레즈(67)였다. 행렬의 제일 앞에서 스무 번째쯤에 서 있었다. 오전 8시부터 5시

간째 서 있는 중이라
고 했다.

"일해도 일해도 월
급이 오르지 않는 삶
이 '비참하다'는 것쯤
은 우리 자신이 제일
잘 알아요! 20년 넘게
워싱턴 정계에 머물
고 있는 힐러리한테
만큼은 듣고 싶지 않
아. 왜냐하면 힐러리
한테는 노동자의 삶
에 일부 책임이 있잖
아요?"라며 분노에 치
를 떨었다.

앨버레즈는 자신의
'비참한' 생활상을 털
어놓았다.

'난 비참하다!'는 문구가 가슴에
박힌 티셔츠를 입고 있는
프랑크 멜시카

여성의 등에도 커다랗게
'난 비참하다!'고 쓰여 있다

전 디트로이트에서 나고 자랐어요. 아버지는 디트로이트 경찰서에서 근무하는 순사 부장이었고, 우리 집은 평범한 중류 계급 가정이었어요.

지금은 남편이랑 디트로이트 교외에 있는 캔턴Canton이란 도시에서 살고 있어요. 전 오클랜드병원에서 식이요법 관련 업무를 하다 몇 년 전에 퇴직했어요. 저보다 17살이나 젊은 남편은 디트로이트 교외 워런의 트럭 의자 공장에서 관리자로 근무 중이에요.

남편은 얼마 전에 감독책임자로 승진했어요. 정말로 열심히 일해요. 낮 3시 반까지 자고 매일 밤에 일하러 가요. 보통 사람과 정반대로 생활하는 것은 힘든 일이에요. 열렬한 트럼프 팬인데 오늘도 출근했기 때문에 집회에는 못 와요.

우리 부부는 줄곧 맞벌이였어요. 그래도 매월 날아드는 청구서를 지불하기에 벅차요. 월말이 되면 마음대로 쓸 수 있는 돈이 남아 있질 않아요. 저금도 할 수 없죠.

여태까지 인생에서 지금처럼 돈 걱정을 하며 살았던 적이 없어요. 돈을 어떻게 쓸지 진지하게 고민하며 생활하는 건 내 평생 67년 만에 처음이에요. 믿고 싶지 않아요. 왜냐하면 딱히 제가 게으름을 부려서 그런 게 아니니까요.

예전에 디트로이트는 어느 집이든 휴가 때 여행을 갔어요. 그것이 미국 일반 가정의 생활이었어요. 1970년대와 1980년대에는 저도 거의 매년 라스베이거스Las Vegas에 놀러 갔어요. 돈 걱정 따위 하지 않고 맛있는 음식을 먹고 화려한 쇼를 즐겼어요. 근데 이제는 그럴 수 없게 됐어요. 그 당시 남편은 UPSUnited Parcel Service(택배회사)에서 근무했었어요. 무슨 말이 하고 싶은 건지 아시겠죠? 제가 딱히 부자랑 결혼했던 게 아니라는 거예요. 전 줄곧 평범한 중류 계급이었어요.

그런데 이미 여행을 못 가게 된 지 오래예요. 이 도시에 줄곧 갇혀 살고 있어요. 남편이 다니는 자동차 관련 산업에 겨우 활기가 돌기 시작했지만, 작년에는 전혀 승급이 없었어요. 기업은 돈을 벌어도 노동자에게는 이익이 돌아오지 않아요. 저로선 지금처럼 제가 금전적으로 빠듯한 생활을 하고 있다는 것 자체가 기묘하게 느껴져요. 그 생각을 하면 짜증이 나요.

이제 디트로이트에는 중류 계급이 거의 남아 있지 않다

고 생각해요. 대략 20년 전부터일까요? 점점 생활이 힘들어졌어요. 과거의 중류 계급 중 극히 일부만 위로 기어 올라갔고, 나머지 대부분은 밑으로 떨어졌어요. 의심의 여지 없이 저는 밑으로 떨어진 다수 중 한 사람이에요. 여기에 줄 서 있는 사람 대부분도 그럴 거라고 생각해요.

앨버레즈는 이번에 처음으로 선거에 관심을 갖게 됐다. 여태까지는 후보자의 연설을 열심히 듣거나 집회에 참석

"비참하다는 것쯤은 우리도 알아!"라던
전직 병원근무자 샌디 앨버레즈(오른쪽)

했던 적이 없다. 이번에 트럼프가 민주당으로 입후보했더라면 민주당의 트럼프를 지지했을 거라고 했다. "정당은 어느 쪽이든 상관없어요. 난 '트럼프당' 지지자예요!"라며 웃어 젖혔다. 남편한테도 큰 변화가 생겼다. 오랜 세월 민주당 지지자였는데 이번에는 트럼프를 응원하기 위해 공화당 지지자로 돌아섰다고 했다.

제1장~제3장에서 소개했던 오하이오 및 펜실베이니아 사람들과 똑같다.

조합원도 등단

트럼프 진영도 클린턴의 '실언'을 역으로 이용해 반격했다. 트럼프는 연설에서 "누가 비참하다고? 여기 있는 사람 전부 다!"라며 부채질했다. 회장에서는 '"비참한" 트럼프 지지자인 게 자랑스럽다!'라고 인쇄된 티셔츠가 불티나게 팔렸다.

집회에서는 노동조합원도 등단해 클린턴을 비판했다. 그는 이렇게 호소했다.

'비참한' 굿즈가
불티나게 팔리고 있었다

"만약 여러분이 블루 칼라 노동자고 조합원인데 이번 선거에서 누구에게 투표할지 망설이고 있다면, 이것만큼은 제가 분명하게 말하죠. 힐러리 클린턴은 잘난 척하는 엘리트주의자입니다. 여러분이 얼마나 고생하는지 전혀 신경 쓰지 않는 정치인이에요!", "당파성 짙은 투표 행동을 그만둘 때입니다. 지금이야말로 블루칼라를 위한 후보자, 도널드 트럼프를 당선시킬 때입니다!"

그의 호소에 회장이 들끓었다. 나는 트럼프가 '블루칼라를 위한 대통령'이 될 것이란 생각이 들지 않는다. 자신의 호텔을 위해 일해온 업자와 여러 개의 소송이 걸려 있는 상태이다. 도저히 서민의 삶을 존중하는 인물로는 볼 수 없다. 한편 클린턴은 법과대학원 재학 중에 빈곤 문제와 인종 차별 문제를 연구했고 그 후에도 어린이 권리 향상을 위해 일했다. 이번 대통령 선거에서도 중간층의 최저 수준 향상을 위해 부유층에 대한 증세 등 재분배 정책을 제시했다. 입으로만 떠드는 것이 아니라 실제 행동도 수반되고 있다.

그래도 트럼프 지지자 사이에서 클린턴은 '엘리트', '거만', '사리사욕만 챙긴다'는 이미지로 정착되어 있었고, 트럼프에게는 '기득권을 무시하고 서민을 대변할 것이다'는 기대가 증폭되고 있었다. 이것은 어디에 가든 똑같았다.

조립 라인이 분해되는 걸 봤어요

트럼프 집회장에서도 예전에는 민주당 지지자였다는 부부를 만났다.

간호사 리안 페이버(58)가 입을 열었다.

"사실 전 펜실베이니아주에 있는 트레인Trane 기업 에어컨 공장에서 일한 적이 있는데, 그때 봤어요. 조립 라인이 분해되어 문밖으로 운반되는 걸. 멕시코로 이전한다는 결정이 나면서 실직됐어요. 딱 북미자유무역협정NAFTA 직후예요."

리안은 지금도 그 장면을 선명하게 기억한다고 했다.

"제가 조립 라인에 있었는데, 시찰하러 멕시코에서 많은 사람들이 와서 라인을 이리저리 자세히 살펴봤어요. 그리고 약 일주일 후에 바로 제 눈앞에서 라인 분해 작업이 시작됐어요. 상사가 그러더라고요. '공장을 멕시코로 이전하고 여기는 문을 닫을 거다!'라고. 일하는 사람이

공장이 폐쇄되는 과정을 목격한 페이버 부부

400명 정도 됐었어요."

"사실 당시에 이미 간호학교에 다니고 있었어요. 주변의 다른 회사 조립 공장도 차례로 해외 이전을 했기 때문에 언젠가 내게도 닥칠 일이란 생각이 들었거든요. 예를 들어 RCA(미국 라디오 회사)란 회사도 TV라든가 라디오를 제조했었는데 1980년대에 조립 공장이 없어졌거든요."

리안은 NAFTA와 공장 이전의 인과 관계를 정확하게 이해할 수 없었지만 제조업에 종사해서는 안정적으로 살 수 없다는 것을 어렴풋이 감지했다고 했다.

"그래도 전 한동안 민주당을 지지했었어요. 근데 일이 조금씩 빠져나가는 걸 보면서 걱정했어요. 일은 누구에게나 필요해요. 일하지 않는 사람이 증가하면 세금을 납부하는 사람이 줄어서 도로와 다리도 개수할 수 없게 돼버려요. 트럼프가 말한 것처럼 현재 미국은 인프라조차 복구할 수 없는 상태예요."

간호사 자격을 취득했지만 그럼에도 생활은 점점 나빠지고 있다고 강조했다. "1980년대가 훨씬 살기 좋았어요. 저뿐만이 아니라 다들 그렇게 말해요. 자신의 수입으로 더 많은 걸 할 수 있었어요. 자동차도 사고, 여행도 가고."

일방적으로 공장 이전 소식을 통보받다

아내의 이야기를 옆에서 묵묵히 듣고 있던 남편 존 페이버(44)도 참지 못하고 입을 열었다. 지금은 건강이 좋지 않아 휴직 중이라고 했다.

"저도 같은 광경을 봤어요. 기업은 다들 자기 멋대로예요. 시급 20~30달러(약 2만~3만 원)를 주기 싫어서 나가는 것뿐이에요. 그리고 개발도상국의 파격적으로 싼 노동력을 2~3달러(약 2천~3천 원)에 쓰는 거죠. 다 기업의 이익을 위해서예요."

불만이 상당히 많이 쌓인 모양이었다. 역시 그도 실직을 경험한 적이 있었다.

"제 경우에는 '회사를 재정비하기 위해서'라며 신임 매니저가 왔는데 실제로 한 거라고는 공장 내 기계 중에서 매각할 수 있는 걸 찾는 것뿐이었어요. 그리고 4주 후, '이제 공장은 3개월 후에 폐쇄될 겁니다!'라더군요. 그 말이 전부였어요. 20년 넘게 일한 베테랑 직원도 다 잘렸어요."

15년 전, 자동차 부품 공장에서 일했을 때 이야기였다. 그다음 이야기를 물어보려고 하자 존은 "그리고 두 번째 공장 폐쇄는……"이라며 말을 이었다. 무려 15년간 공장 3개가 폐쇄되는 경험을 했고 그때마다 전직했다고 했다.

부부는 여태껏 민주당의 오바마를 지지했었는데 이번에는 '제조업의 부활'을 내세우는 트럼프를 지지하기로 마음을 굳혔다.

정치 엘리트에 대한 불신

트럼프 지지자 중에는 '왕조'란 단어를 쓰며 클린턴에 반대하는 사람이 적지 않다. 좌우간 권력 세습과 고정화를 혐오한다. 비난의 화살은 공화당 엘리트도 타깃으로 삼았다.

디트로이트 교외에 사는 트럭 운전기사 로널드 밀러(50)는 "이번 선거는 '클린턴 왕조'의 탄생을 저지하고 엘리트로부터 권력을 탈환하는 평화적 혁명이야. 트럼프가 워싱

'클린턴 왕조'의 탄생을 저지하는 것이 목표인
트럭 운전기사 로널드 밀러(왼쪽)

턴의 기득권층 정치를 파괴해주었으면 좋겠어"라고 했다.

오랫동안 공화당을 지지했지만 41대와 43대 대통령을 배출한 명문 부시 가문은 혐오한다. 부시 정권하에서 시작된 이라크 전쟁으로 몇천 명의 젊은이가 희생됐고 막대한 국비가 손실됐다.

"엘리트 정치인은 서민의 삶도 인생도 들여다보질 않아. 권력 유지 자체가 목적인 유럽 같은 지배계층이지. 민주당이냐 공화당이냐는 중요하지 않아."

이후로 당을 이유로 후보자를 선택하지 않는다. 부시 가문에서 세 번째로 대통령 자리를 노렸던 전 플로리다 주지사 젭 부시John Ellis Jeb Bush가 공화당 예비선거에서 패했을 때는 뛸 듯이 기뻐했다. 선거에 자기자금을 투입하는 트럼프라면 수도 워싱턴의 기득권층을 신경 쓰지 않고 서민을 위한 정치를 할 수 있을 거라고 기대하고 있다.

미시간주는 1992년 대통령 선거 이래 줄곧 민주당이 승리를 거두어온 '블루 스테이트(파란색 주)'였다. 전미에서 공화당의 부시 후보가 승리를 거두었던 2000년과 2004년 대통령 선거 때도 미시간주에서는 민주당 후보가 승리했었다. 근데 트럼프는 미시간주에서 승리를 했다. 앨버레즈 부부와 페이버 부부 같은 무당파 및 전 민주당 지지자가 트럼프가 승리하도록 뒤에서 힘을 실어주었기 때문이다.

트럼프 없이도 들끓는 회장

러스트벨트에서 열린 트럼프 집회는 하나같이 대성황

을 이루었다.

2016년 5월 2일 인디애나주 사우스벤드South Bend에서도 당연히 트럼프의 핵심 타깃은 자유 무역이었다.

"다들 옛날보다 일을 두 배로 하는데 수입은 줄어든다니! 진절머리가 나지 않나요? 전 그 마음 이해합니다!", "NAFTA는 우리나라를 파괴했어요. TPP(환태평양경제동반자협정)로 상황은 더 나빠질 겁니다!"

트럼프는 미국에 유리하게 자유무역협정을 체결하기 위해서는 특정업계의 의향을 무시할 수 있는 현명한 지도자가 필요한데, 그것은 자기자본으로 선거전을 펼치고 있는 본인이라고 주장했다.

매번 똑같은 말만 반복하지만 그럼에도 초만원인 회장 분위기는 뜨겁게 달아올랐다. 특히 이날은 멕시코로 이전하겠다고 발표한 지역 공조기기 메이커를 지명하며 비난했고, "참고로 전 다시는 이 회사 상품을 안 살 겁니다!"라고 선언하자 뜨거운 환성이 터져 나왔다.

사실 이 날 집회 취재 때는 회장 안으로 들어가지 못했다. 입장이 제한됐고 나는 옆방으로 안내되었다. 물론 트

트럼프 없이도 들끓는 회장

럼프 본인은 없었지만 그래도 지지자들은 돌아가지 않고 스피커에서 나오는 연설에 귀를 기울였다.

스테이지에는 아무도 없었지만 그럼에도 박수갈채가 쏟아졌다. 그런 집회는 트럼프 이외에는 본 적이 없다. 사실 내가 있었던 곳은 두 번째 예비룸이었는데 제3룸도 지지자로 가득 찼다고 했다. 놀랄 만한 동원력이다.

연설을 들으며 계속 고개를 끄덕인 사람이 있었다. 근

처에 사는 레트 로(51)였다. 그는 7년간 근무했던 자동차 부품 공장이 5년 전에 폐쇄되면서 해고됐다. 반년 전에 통보를 받았지만 때맞추어 직장을 찾지 못해 일가의 생활은 궁핍해졌다. "당시 내 시급이 23달러(약 25,000원)였는데 멕시코 사람의 일당은 2달러(2,200원)라고 들었지. 우리는 두 손을 들 수밖에 없어."

고등학교를 졸업한 이래 자동차 관련을 중심으로 공장 12곳에서 일했다. 1990년대 전반까지는 시급이 높은 공장으로 스스로 자리를 옮기는 '발전적 이직'을 했지만, 요즘은 자신도 주변 사람도 쫓겨나는 형태로 실직하는 경우가 많다. "난 별다른 큰 걸 바라는 게 아냐. 성실하게 일하면 평범하게 살 수 있던 예전의 미국으로 회복시켜주길 바랄 뿐이지."

분노의 화살은 기업으로도 향했다.

"그들은 미국 노동자를 생각하지 않게 됐어. 주주 이익의 최대화를 위해 노동자를 버리고 아무렇지 않게 해외로 이전해. 그리고 그런 기업이 대통령 선거 후보에게 거액의 헌금을 갖다 바치지. 그 돈을 받는 정치인에게 당당히 맞설 수 있는 건 트럼프뿐이야."

트럼프는 구체적인 정책을 충분히 제시하지 않으면서 "해외로부터 고용을 되찾아오겠다!"는 말만 반복할 뿐이다. 그럼에도 많은 사람이 그에게 매료되고 있다.

번지는 불만

근면성실하게 일하는데도 중류 계급에서 아래로 미끄러져 떨어지고 있다. 그런 불안과 불만은 물론 러스트벨트에만 있는 것이 아니다.

남부 사우스캐롤라이나주에서도 불안을 호소하는 트럼프 지지자를 만났다.

트럼프가 사우스캐롤라이나주 폴리스아일랜드Pawleys Island에서 개최한 집회는 주위가 벽으로 둘러싸인 게이티드 커뮤니티Gated community(요새의 도시) 내 클럽하우스에서 개최됐다. 정면 입구 게이트를 빠져나가면 골프장을 갖춘 주택 도시가 펼쳐진다.

회장에 트럼프 로고가 박힌 야구 모자를 쓴 남성이 있

었다. 말을 걸자 먼저 옆에 있던 아내 다니엘 휴게이트(46)가 취재에 응해주었다.

"사람들이 다들 화가 난 건 고용 상실이 주된 원인이라고 생각해. 공화당과 민주당 모두 세계화에 제대로 대응하지 못했어. 미국 노동자를 위기에 빠트렸어. 노동자의 목소리가 너무 장기간 무시됐어. 사일렌트 마조리티(침묵하는 다수파)야." 이렇게 말하고 다니엘은 남편 토드(50)에게도 말하라고 재촉했다.

토드는 어쩔 수 없다는 듯 취재에 응해주었다. "미국인은 제조를 하지 않게 돼버렸어. 대부분이 해외로 나가버렸지. 트럼프는 그걸 되찾아오겠다고 해. 난 고등학교를 졸업하고 공장 노동자로 32년간 일했어. 1980년대에는 일거리가 넘쳤고 나도 젊었기 때문에 주7일 매일 12시간씩 일했어. 비행기 부품을 만들었지. 만들고 또 만들어도 주문이 밀려들어 왔어. 정말로 바쁜 시대였지."

1980년대 이야기가 나오자 토드의 얼굴에서 미소가 번졌다. 그런데 1990년대에 들어서면서 고용 해외 유출이 시작됐다고 했다.

중류 계급 몰락을 한탄하는 휴게이트 부부(사우스캐롤라이나주)

"클린턴 대통령 시절에 NAFTA가 체결되면서부터 모든 게 나쁜 방향으로 흘러가기 시작했어. 제조 라인이 차례로 불채산 인정을 받았고 멕시코로 나갔지. 곧 브라질과 중국으로도 빠져나갔어. 미국에서 800명을 해고한 회사가 그 후 멕시코에서 똑같은 수를 고용했어. 그런 뉴스의 반복이었지."

토드는 같은 공장에서 일한 지 32년째에 접어들었다. 처음에는 기계공 중 한 명이었지만 지금은 공장장이다.

"난 프로그래머이자, 엔지니어이자, 전체 감독책임자야. 그게 공장장이지."

말투에서 지금까지 진지하게 업무에 임해온 것을 자랑스럽게 여기고 있음이 느껴졌다.

그런데 생활은 좋아지지 않았다고 한다. 현재 연봉은 6만 달러(약 6,700만 원)이다. 근면성실하게 일해 공장장이 됐음에도 기대했던 삶을 실현할 수는 없었다. 아내 다니엘이 경비원으로도 일하고 음식점에서도 일하며 맞벌이를 했기 때문에 겨우 생계를 꾸려올 수 있었다고 했다.

"아메리칸 드림은 이제 없어. 필사적으로 일한 내가 32년 후인 지금도 중류의 밑바닥 생활을 하고 있잖아."

휴게이트 부부는 미국 정치인이 자유 무역의 부정적인 측면에도 눈을 돌려야 한다고 생각하지만, 그런 논의는 정치인한테서는 나오지 않았다. 그때 "미국의 무역 협정은 하나같이 최악이다! 더 똑똑하게 해야만 한다!"고 주장하는 트럼프가 등장했다. 어떤 연설에서든 반드시라고 해도 좋을 만큼 멕시코와 중국과의 무역 적자 규모를 문제시 삼았다. 그 일관된 태도에 지지자가 됐다고 했다.

헤어질 때 토드가 말했다. "일본인도 내 주장을 이해해 줄 거라고 생각하는데, 어때? 일본도 TV 생산으로는 이익을 못 내게 됐잖아? 미국 쇼핑몰에는 이제 한국과 중국의 200달러(약 22만 4,000원)짜리 TV밖에는 없어. 일본에도 트럼프 같은 사업가 지도자가 탄생하면 좋겠네."

화려한 연출

트럼프 선거 운동의 특징 중 하나는 엔터테인먼트성이 높다는 것이다. 일례를 소개하겠다. 플로리다주 팜비치 카운티Palm Beach County도 트럼프가 예비선거에서 52% 넘는 득표로 압승한 '트럼프 왕국'이다. 주 전체에서도 45% 넘는 표를 획득했다. 폴로리다주에서 열린 트럼프의 야외 집회는 대성황을 이루었다.

2016년 3월 13일, 예비선거 이틀 전이었다. 해가 기울기 시작했고 스포트라이트는 스테이지를 비추었다. 그때 안내방송이 나왔다. "여러분! 도널드 트럼프 차기 대통령이 상공에서 등장했습니다!"

뭐? 상공에서?

회장을 가득 메운 지지자들이 일제히 하늘을 올려다보았다. 그러자 북쪽 하늘에서 램프를 깜빡이며 헬리콥터가 천천히 모습을 드러냈다. 서쪽 하늘로 접어들자 헬기는 정확하게 석양의 정중앙으로 들어갔다. 회장에서 환호성이 터져 나왔고 무수한 카메라가 상공의 헬기를 쫓았다. 다른 후보가 이런 연출을 하는 것은 본 적이 없다.

트럼프의 연설 내용은 미국의 통상정책, 외교정책, 이민정책 등 '실패'에 대한 비판과 자신이 대통령이 되면 똑똑하게 재교섭해 해결하고 미국을 위대한 국가로 재건하겠다는 기존과 똑같은 메시지였다. 어떻게 재건할 것인지에 대한 구체적인 대책은 거의 없었다.

그래도 지지자는 열광했고 집회가 끝난 후에도 여운을 즐겼다.

"역사가 탄생하는 순간을 보고 싶었거든!" 일요일 밤 집회에 서둘러 참석한 이유를 그렇게 말한 사람은 IT 기술자 릭 리거다이스(62)였다. 아내(64)와 사전 투표를 끝마쳤다고 했다.

업계 단체의 헌금에 의지하지 않는 트럼프에게 기대하고 있다는
리거다이스 부부(플로리다주)

트럼프를 지지하는 것은 기성 정치인과 달리 선거 자금 대부분을 자기자본으로 조달하기 때문이라고 했다. "실제로 국가 주요 정책을 바꾸려고 하면 거기서 이익을 얻던 대기업이 맹렬하게 반대해. 그러한 개혁을 단행할 수 있는 건 자금 면에서 특정한 누군가의 후원을 받지 않은 트럼프밖에 없어."

리거다이스에게는 쓰라린 기억이 있다. 2010년 상원 선거 때 젊은 플로리다주 선출 상원의원 마르코 루비오(44)를 지지했었다. "근데 루비오는 워싱턴에서 기득권층에게 간단하게 넘어가 버렸어. 그들에게 동조하지 않으면 중요한 위원회 자리에도 오를 수 없고 다음번 선거 자금도 모이지 않을 거라는 꼬드김에 넘어간 거겠지."

루비오는 이번에 '유력한 후보'로서 대통령 선거에 출마했지만 리거다이스는 응원하지 않았다. 주류파와 업계에 머리를 숙이지 않아도 되는 대부호 트럼프가 개혁해주길 기대한다고 했다.

건설 작업원 '인력 시장'

본서에서는 지금까지 러스트벨트 등지에서 자유 무역에 반대하는 여러 명의 노동자를 소개했는데, 이번에는 불법 이민자에 대한 반발이 트럼프를 지지하는 원동력이 되고 있는 사례를 소개하겠다.

미국에는 건설 작업원 '인력 시장'이 있다.

2016년 4월 18일 뉴욕 맨해튼에서 자동차로 출발해 동쪽으로 2시간을 달렸다. 아침 4시에 롱아일랜드Long Island

동부 도시 사우샘프턴Southampton의 어느 편의점에 도착했다. 이곳 주차장에 '불법 이민' 노동자가 모이는데 그 수가 수백 명 규모에 이른다고 한다.

주위는 깜깜했다. 잠시 엔진을 끄고 기다렸다.

'불법 이민자가 모인다'는 이야기를 가르쳐준 사람은 열렬한 트럼프 지지자, 건설 작업원 토마스 위델(56)이었다.

뉴욕 5번가 트럼프타워 앞에서 트럼프에 대한 대규모 항의 집회가 열렸을 때 위델은 일부러 트럼프를 옹호하기 위해 동료 2명과 함께 뛰어들었다. 항의하는 사람들에게 매도당하면서도 "트럼프는 옳다!"고 반론했다.

어지간한 동기가 있음에 틀림없었다. 그런 생각으로 말을 걸자 위델은 이렇게 호소했다.

"인건비가 싸다는 이유로 건설 현장 일을 불법 이민자에게 빼앗겼어. 아이도 양육할 수가 없어. 우유조차 살 수가 없으니까. 트럼프 말마따나 국경선에는 장벽이 필요해. 오늘도 소중한 20달러(약 22,000원)를 가솔린비로 써가면서 여기까지 온 거야."

야구모자에도, 티셔츠에도, '미국을 다시 위대하게!'라는 트럼프 슬로건이 박혀 있었다. 자세히 보니 위델이 들고 있는 '트럼프를 대통령으로!'라고 쓰인 플랜카드는 꽤 오래 사용된 듯 보였다. 언제부터 활동을 했느냐고 물었더니 트럼프가 입후보 회견을 했을 때부터 벌써 9개월째라고 했다. 애당초 불법 이민자 추방을 호소하는 활동은 10년 전에 지역에서 하기 시작했으며, 지금은 지지자 규모도 꽤 커졌다면서 자랑스럽게 이야기했다.

"정말인가요?"라고 묻자 위델은 "그럼 내가 활동하는 걸 보러 올래? 아침 4시라 이르긴 하지만 익사이팅 할걸?"이라며 제안했다.

클랙슨으로 지지 표명

하나둘 자동차를 탄 백인 건설 작업원이 아침밥을 사러 편의점으로 들어가기 시작했다. 건설 작업원의 아침은 어느 나라든 빠른 법이다.

4시 반이 넘어가자 확실히 히스패닉계 젊은이들이 모여들기 시작했다. 아까까지의 백인들과는 달리 대부분 걸

어왔다. 야구모자나 잠
바에 달린 모자를 쓰
고 배낭을 메고 있었
다. 역시 커피나 빵 등
을 편의점에서 산 다음
밖에서 먹었다. 시간이
잠시 흐르자 젊은이는

건설 작업원 '인력 시장'에서
일거리를 기다리는 노동자들
(뉴욕 사우샘프턴)

셀 수 없을 정도로 늘어났다. 들리는 말도 거의 스페인어
였다.

곧 왜건 자동차와 픽업트럭이 차례로 주차장 주변으로
몰려들었다. 젊은이들은 운전기사와 몇 분간 교섭을 한
후 자동차로 올라탔다. 만원이 된 자동차부터 현장으로
떠났다.

과연 틀림없는 '인력 시장'이다. 오사카大阪 니시나리군
西成郡에서 취재했던 가마가사키釜ヶ崎의 풍경과 꼭 같다.
다른 점은 나잇대였다. 가마가사키는 고령자가 많고, 롱
아일랜드는 젊은이가 많다. 내가 봤을 때 백인은 한 명도
없었다.

약 3시간 동안 100명도 더 본 것 같다. 히스패닉계 젊은 이가 롱아일랜드의 건설 현장을 뒷받침하고 있음이 틀림 없는 듯했다. 다만 위델의 말처럼 그들이 '불법' 이민자인지 아닌지까지는 확인할 수 없었다.

사우샘프턴은 미국 유수의 고급주택가가 있는 곳이다. '서쪽은 비벌리힐스Beverly Hills, 동쪽은 사우샘프턴!'이라고 할 정도이다. 격이 다른 대부호들이 호화 저택을 짓고 마음껏 개축하고 풀장을 만들고 한다. 이로 인해 건설업 수요가 발생하는 것이다.

'인력 시장'으로 쓰이고 있는 편의점은 고급 주택가로 이어지는 간선 도로변에 있다. 건설업자가 그날 필요한 노동력을 여기에서 조달해 현장으로 간다고 하겠다.

아침 5시가 되자 낯익은 목소리가 들려왔다. 위델이었다.

"불법 이민자를 강제 송환합시다!", "트럼프를 차기 대통령으로!"

출근 자동차가 쌩쌩 달리는 간선 도로 옆에 서서 통행 차량 운전기사에게 호소했다. 미국 국기를 흔들었고, 옆에는 "사우샘프턴에 온 것을 환영합니다. 롱아일랜드의 불법 체류 외국인의 수도!"라고 크게 쓴 간판을 세워놓았다.

위델의 활동은 약 2시간가량 이어졌다.

건설업자로 보이는 차량 대부분이 통과 시에 클랙슨을 울려 위델을 격려했다. 창문을 내려 말을 걸기도 하고, 양손으로 '굿 사인'을 보내기도 했다. 일부러 자동차를 도로 옆에 정차시키고 악수하러 달려오기까지 하는 남자도 있었다.

정반대의 경우도 있었다. 창문을 내리고 먹던 빵과 욕설을 날렸다. 먹던 콘플레이크를 우유째로 들이부은 경우

도로 옆에서 트럼프 지지를 호소하는 위델

도 있었다고 했다.

텅 빈 냉장고

위델은 사우샘프턴에서 자동차로 1시간 정도 떨어진 작은 마을에서 태어나고 자랐다. 양친이 운영하는 농작물 직판장 일을 돕기 위해 고등학교를 중퇴했다. 그리고 머지않아 건설 작업원의 길을 걷기 시작했다. 약 10년간 밑바닥 생활을 했고 35살에 자신의 건설 청부회사 '에어타이트건설'을 설립했다. 물 한 방울 새지 않도록 완벽하게 일하겠다는 의미를 담은 사명이다.

25명을 고용했다. 평균 시급은 20달러(약 22,000원)였다. 작업을 일임할 수 있는 경력자에게는 30달러(약 33,000원)를, 미경력자는 12~15달러(약 13,000~16,000원)를 지급했다. 처음에는 수영 풀장 설치로 실적을 쌓았고, 나중에는 주택 건설도 맡았다. 그리고 드디어 4년 만에 대규모 일감을 수주하게 됐다. 거대한 부지에 주거 지구 5개를 건설하는 일에 하청업자로서 참가했다.

그런데 1년 반 만에 계약 해지를 당했다. 의뢰업자가 "발주자가 '인건비가 너무 높다'고 하네. 오늘로 마지막이야!"라며 일방적으로 통보했다. 구두 계약이었기 때문에 어찌할 방도가 없었다. 남은 2년 반 동안도 계속 일할 계획이었기 때문에 영업 부족으로 다른 일거리는 없었다. 건설 중기를 구입하느라 대출받은 20만 달러(약 2억 2,000만 원)가 빚으로 남았다. 25명 전원을 해고할 수밖에 없었다.

분한 마음에 현장을 보러 갔더니 자신들 대신 낯선 히스패닉계 젊은이들이 일하고 있었다. 현장에 두고 간 위델의 작업 도구를 약삭빠르게 사용하고 있는 젊은이까지 있었다.

아침 일찍 편의점 '인력 시장'을 살펴보러 갔더니 일방적으로 위델에게 계약 해지 통보를 한 의뢰업자의 사명이 박힌 왜건 자동차가 노동자를 노상에서 모집하고 있었다. 동업자 지인에게 "불법 이민 멕시코인한테는 시급을 절반만 줘도 돼. 한 번 썼다 하면 그만둘 수 없어"라는 말을 들었다.

오랫동안 살아온 고향 풍경이 전혀 다르게 보이기 시작

했다.

학력 따위 없어도 열심히 일하면 먹고 살 수 있는 회사였는데 "굴러들어온 히스패닉"이 저임금을 무기로 일을 빼앗아 갔다.

수입은 뚝 끊어졌고 생활은 순식간에 나빠졌다. 냉장고는 텅 비었다. 아이들 4명은 "배고파!"라며 난리를 폈고 인터넷 계약이 끊기자 "친구들 노는 데 못 낀단 말이야!"라며 울어댔다. 자동차와 건설 중기를 처분하고 친척에게 돈도 빌렸다. 사업 동료도 어딘가 다른 마을로 떠나갔다. 가족이 뿔뿔이 흩어졌다는 동료의 이야기까지 들려왔다.

"우리 미국인은 받은 봉급에서 사회보험비도 내고 세금도 내. 불법 이민자는 이 모든 부담에서 자유로워. 모국에 달러를 송금하면 몇 배 이상의 가치가 되니까 임금이 적어도 일을 해. 여기서 나고 자란 미국인은 그 경쟁에서 이길 수 없어."

2006년부터 '인력 시장' 앞에서 '불법 이민자를 강제 송환시키자!'고 항의하는 활동을 하기 시작했다. 처음에는 차가운 시선을 보냈고 쓰레기를 던지는 통과 차량도 있었지만, 지금은 응원 클랙슨을 울려주는 차가 많이 늘었다.

"당시에는 불법체류자를 공개적으로 문제시하는 사람이 없었어. 근데 내가 항의를 시작하면서 조금씩 사람들이 화제로 삼기 시작했지. 불법 이민이 이 지역에서 문제가 되기 시작한 거야."

위델은 자신의 호소가 트럼프에게 전해진 거라고 생각했다. 트럼프가 "국경을 지킵시다!"라며 출마 선언을 한 순간 그를 지지하기로 결심했다. "트럼프는 미국 블루칼라 노동자의 구세주야."

위델의 분노는 부유층으로도 향했다.

"난 내가 사다리의 아래쪽 나무막대기the lower rung of the ladder라는 걸 스스로 알아. 왜 미국인 억만장자는 같은 미국인 업자를 쓰지 않고 더 싼 불법 이민자를 쓰는 걸까? 자기 지갑만 생각하고 지역 생각은 눈곱만큼도 안 해. 부시 가문 같은 공화당 기득권층한테도 마찬가지로 책임이 있어. 불법 이민자가 늘어도 은행원 같은 고학력 엘리트는 일자리를 빼앗길 걱정이 없겠지만 우리들한테는 매우 심각한 문제라고."

"난 여기에서 태어나고 자란 미국인이야. 내가 번 돈을 여기서 써. 분유도 사고 애들 옷하고 기저귀도 사. 돈이 지역으로 순환되지. 사회라는 건 그런 거잖아? 근데 불법 이민자는 벌어서 남쪽으로 송금하기만 해."

'인력 시장'을 취재한 다음 날 뉴욕주에서 공화당 예비 선거가 이루어졌다. 트럼프는 뉴욕주 전체에서 60% 이상을 득표해 압승을 거두었다. 사우샘프턴과 위델의 고향이 포함되어 있는 서퍽카운티Suffolk County는 무려 70% 이상이 트럼프를 지지한 '트럼프 왕국'이었다.

위델에게 전화를 걸자 "나도 트럼프의 승리에 공헌한 게 있을 거야!"라며 뛸 듯이 기뻐했다. 트럼프가 승리해 멕시코 국경선에 장벽 건설을 시작하면 작업원으로 참여하겠다고 했다.

그러나 미국 조사전문기관 퓨리서치센터Pew Research Center에 따르면 고용과 주거 등을 빼앗겼다는 이유로 이민자를 '부담'으로 인식하는 사람의 비율은 1994년 63%에서 2016년 33%로 격감했고, 반대로 근면함과 재능으로 사회를 '강화'시켜주고 있다고 파악하는 사람은 31%에서 59%로 증가했다.

멕시코 국경선 '장벽'과 관련해서도 2016년 3월 시점에 공화당계 유권자 63%는 이를 지지했지만, 대상을 유권자 전체로 확대하면 반대파가 62%로 찬성파 34%보다 훨씬 많다. 즉 장벽을 건설하겠다는 트럼프의 주장은 전체보다는 위델과 같은 특정층의 표심을 잡는 데 효과적이었다고 하겠다.

꿈은 학자금 변제

트럼프가 공화당 예비선거에서 첫 승리를 장식한 곳은 북동부의 뉴햄프셔주이다. 당시에는 주요 후보만도 10명이 넘는 난립 상태였는데 트럼프가 뉴햄프셔주에서 35% 넘는 득표로 압승을 거두었고 이때부터 활약이 시작됐다.

예비선거 이틀 전인 2016년 2월 7일, 트럼프는 뉴햄프셔주 홀더니스Holderness의 주립대학에서 학생과 지역 주민을 대상으로 집회를 열었다. "해외로 빠져나간 일자리를 미국으로 되찾아 오겠습니다!"라며 주먹을 치켜들고 청중에게 호소했고, 농담을 섞어가며 멕시코 이민자와 일본 및 중국의 '환율 조작'을 비판하자 회장에 있던 젊은이들한테서 환호성이 터져 나왔다.

뉴햄프셔주의 취재에는 도쿄東京대학 교수 구보 후미아키久保文明가 동행했다. 회장 분위기는 뜨거웠지만, 구보는 "짤막한 이야기의 연속이군요. 근거가 빈약한 이야기를 50분이나 듣게 될 줄이야. 고문이 따로 없네요"라며 지친 모습을 보였다. 그렇다면 젊은이들은 어떻게 느꼈을까.

회장 밖에서 기다리자 흥분이 아직 식지 않은 1학년 여대생 3인조가 나왔다. 손에는 저마다 트럼프를 지지하는 플랜카드가 들려 있었다. 형사 사법과 환경 과학을 전공하는 브리 드보르(18), 생물학을 전공하는 레이첼 스토커(20), 경영학을 전공하는 앨리사 패스트(20), 3명이 취재에 응해주었다.

—트럼프의 어떤 점을 긍정적으로 평가하나요?

브리 드보르 : 불법 이민자의 침입을 막기 위해 멕시코 국

트럼프를 지지하는 이유에 대해 말하는 여대생 3인조

경선에 장벽을 건설하겠다고 공약한 점이요. 불법 이민자는 우리의 일을 뺏으러 오니까요.

레이첼 스토커 : 뭐? 사실이야?

드보르 : 사실이야. 불법 이민자가 미국에 와서 우리 아빠랑 친구분들 일자리를 빼앗아 갔어.

스토커 : 정말?

드보르 : 응. 그래서 트럼프를 지지하는 거야.

—아버지는 일자리를 잃었나요?

드보르 : 아버지는 건설업 청부업자였어요. 입찰에 참가하는데, 멕시코에서 불법 입국한 노동자들이 더 싸게 경쟁 입찰해 아버지의 일을 빼앗고 있어요.

—트럼프의 연설을 좋아하나요?

드보르 : 그가 문제를 있는 그대로 지적해주는 덕분에 주의 환기가 되고 있어요. 그래서 많은 사람이 지지하는 거라고 생각해요.

—당신은 어떤가요? 연설에 감명을 받았나요?

스토커 : 네. 트럼프의 다른 집회에도 간 적이 있어요.

드보르 : 우리가 집회에 온 건 이번이 두 번째예요.

—다른 후보자의 집회에도 간 적이 있나요?

드보르 : 우리 집 근처에 샌더스 사무소가 있지만, 전 좋아하지 않아요.

—하지만 젊은 사람에게 인기가 많지 않나요?

스토커 : 그건 그가 대학 학자금을 무상화하고, 마리화나는 합법화하겠다고 했기 때문이에요.

—트럼프가 미국을 다시 위대하게 만들겠다고 하던데, 현재 미국은 위대하지 않나요?

드보르 : 예전에는 더 위대했다고 생각해요.

스토커 : 맞아요. 전에는 더 위대했어요. 현재 미국은 예전 같은 위대함을 상실했어요.

―어떤 점에서 그렇지요?

드보르 : 일단, 고용! 한마디로 미국은 경제력이 떨어졌어요. 또 트럼프가 미국 형무소에 불법 이민자가 100만 명 넘게 있다고 했어요. 미국인도 아니면서 이 나라에서 범죄를 저지른 사람을 출신국으로 송환하지도 못하고 미국이 (돈을 들여) 먹여 살리고 있다고.

―자신의 장래와 미국의 장래에 대해 비관적인가요?

드보르 : 글쎄요. 모르겠어요.

스토커 : 비관적이라는 게 어떤 의미죠?

―바꾸어 말하자면, 미국은 잘못된 방향으로 나아가고 있다고 생각하나요?

드보르 : 물론이에요. 잘못된 방향으로 가고 있어요.

스토커 : 현재를 말하는 거죠? 네, 그렇게 생각해요.

―어떤 점에서 그렇지요?

스토커 : 고용이요.

드보르 : 경제요. 게다가 미국은 현재 많은 난민에게 은신처를 제공하려고 해요.

스토커 : 이 나라는 수많은 난민을 수용하고 있는데, 정작 자신의 나라, 예를 들어 퇴역 군인을 위해서는 의료비도 지불하지 않아요.

드보르 : 남을 돕는 건 확실히 좋은 일이지만, 그건 자국이 제대로 돌아갈 때로 한정해야 해요.

스토커 : 맞는 말이에요.

드보르 : 미국에는 지금 다른 사람을 도울 여유가 없어요.

스토커 : 세계가 혼란에 빠지면 미국이 도와주러 가요. 하지만 반대로 이 나라가 곤란에 빠진 지금, 어느 나라도 도와주러 오지 않았어요.

드보르 : 미국 따위 아무도 신경 쓰지 않아요.

스토커 : 트럼프가 하려는 건 강한 군대를 만드는 거예요.

—아이는 부모 세대보다 유복해질 수 있다는 아메리칸 드림은 아직 건재한가요?

스토커 : 모르겠어요.

드보르 : 제 꿈은 학자금을 변제하는 것. 그게 전부예요.

─학자금을 변제하기 힘들 것 같나요?

　드보르 : 그럴 것 같아요. 미국은 조 단위의 빚을 안고 있어요. 젊은 사람은 학자금 대출을 안고 있고요. 샌더스의 학비 무상화는 멋지게 들리지만, 그럼 누가 교수에게 월급을 주죠? 현실적이지 않아요.

─현재 생활에 불만이 있나요?

　드보르 : 역시 아버지가 불법 이민자에게 일자리를 빼앗긴 게 불만이에요. 아버지가 제 학비를 지원해줄 수 없게 돼서 제가 빚을 지게 됐어요. 또 군인이었던 오빠는 퇴역군인국으로부터 의료 보조를 받으려고 하는데 진찰을 받기 위해서는 3년간 대기해야 된대요. 퇴역 군인은 이 나라에서 가장 존경받아 마땅한 사람들인데.

　스토커 : 우리가 지금 이렇게 살고 있는 건 그들 덕분이니까요.

　드보르 : 맞아요. 그들은 세계에 공헌했어요. 트럼프는 퇴역 군인에 대한 처우도 개선하겠다고 했어요. 전 그 점을 열렬히 지지해요.

─종합하자면, 퇴역 군인과 불법 이민자에 대한 대응에 불만이 있

는 거네요?

　　드보르 : 맞아요. 불법 이민자가 일을 빼앗고 있으니까요.

—그들이 일을 빼앗아서 미국인의 임금이 낮아지고 있다는 건가
　요?

　　드보르 : 그렇고 말고요.

　　사진 촬영을 마치자 세 사람은 "미국을 다시 위대하게!"라
고 외치고 돌아갔다.

제5장
'시대에 뒤처졌다'는 비웃음

애팔래치아 지방의 거리 풍경.
오른쪽 건물에는 용광로 벽화가 그려져 있다

미국 대륙 동부를 남북으로 가로지르는 애팔래치아 산맥은 대통령 선거에서 주목을 모았던 적이 별로 없는 곳으로, 이 일대에는 '트럼프 왕국'이 펼쳐져 있다. 지도에 승패를 표기하면 공화당 컬러로 새빨갛게 물든다.

　주요 일자리는 석탄 산업이었는데, 석탄은 온실가스 배출량이 많아 지구환경에 좋지 않다는 이유로 완전히 '시대에 뒤처진 것'으로 취급됐다. 과거에는 중공업을 뒷받침했고 세계에 군림하는 미국의 핵심 뼈대라는 자긍심이 있었지만 옛날이야기가 된 지 오래다.

　1964년에 당시 대통령 린든 존슨Lyndon Baines Johnson(민주당)이 방문해 '빈곤과의 전쟁'을 선포함으로써 '애팔래치아의 빈곤'의 대명사가 된 켄터키주 아이네즈라는 도시가 있다. 반세기가 지난 지금도 빈곤율이 전미의 3배에 이른다. 인프라 복구도 이루어지지 않아 수돗물은 마실 수 없는 상태이다.

탄광 도시

　뉴욕 맨해튼에서 자동차로 출발해 애팔래치아 산맥을 따라서 서쪽으로 그리고 남쪽으로 달린다. 길이 험하다. 어느 순간부터 주유소가 극단적으로 적어져 가스가 떨어지는 사태가 발생하는 것은 아닐까 하는 걱정이 들었다. 때때로 핸드폰에 통화권 이탈 표시가 떴다.

　목적지는 1,000킬로미터 떨어진 켄터키주 동부의 마틴카운티Martin County 아이네즈Inez이다. 트럼프는 마틴카운티의 공화당 당원집회(2016년 3월 5일 실시)에서 60% 이상의 표를 획득했고 다른 당내 후보를 압도했다. 동년 11월 본선에서는 민주당 클린턴을 상대로 득표율 88%를 달성했으며 주변 카운티에서도 같은 결과가 나왔다.

　일대는 '트럼프 왕국'이다.

　그러나 제1장~제3장에서 소개한 '러스트벨트'하고는 의미가 다르다. 종래형 제철업과 제조업이 번성했던 러스트벨트에는 블루칼라 노동자가 많고 노동조합의 영향도 세며 민주당 후보가 전통적으로 강한 지역이 많다. 예를 들

어 위스콘신주에서는 1988년 이후, 미시간주에서는 1992
년 이후, 빌 클린턴과 오바마 등 민주당 후보가 승리를 거
두었다. 원래 민주당이 강한 지역에서 공화당의 트럼프가
오랜만에 이를 뒤집고 승리를 거두었기 때문에 주목이 쏠
렸던 것이다.

하지만 켄터키주는 최근에 계속 공화당 후보가 본선에
서 압승을 거두었기 때문에, 이번에도 '트럼프 왕국'이 되
리란 것을 처음부터 알 수 있었다. 결과가 거의 확정적이
었기 때문에 양 진영 모두 본선 때 거의 유세를 하지 않았
다. 따라서 주목도는 어느 쪽이 승리할지 끝까지 예상할
수 없는 경합주 러스트벨트에 비해 한 단계 떨어졌다.

그럼에도 불구하고 취재하고 싶었던 이유는 애팔래치
아 산맥의 경제를 뒷받침해온 과거의 석탄 산업이 최근
환경 규제 강화로 '시대에 뒤처진 것'으로 취급됐기 때문
이다. 지구온난화가 세계의 현안으로 부상하면서 이산화
탄소 배출량이 많은 석탄은 연방정부의 규제 대상이 됐
다. EPA(미환경보호청)은 석탄화력발전소의 폐쇄를 서둘렀다.
이에 이 지역의 탄광 노동자와 그 가족의 심정을 들어보

고 싶었다.

이번 선거에서 트럼프 지지자는 자주 '잊혀진 사람들'이라고 불렸는데, 애팔래치아 산맥이 그 대표이다.

'애팔래치아의 빈곤'의 대명사가 되고

그중에서도 켄터키주 아이네즈를 찾은 것은 이 도시가 반세기 전부터 빈곤의 대명사로 사람들 입에 오르내렸기 때문이다.

아이네즈는 1964년에 '빈곤과의 전쟁'을 선포한 민주당 대통령 존슨이 헬리콥터로 내려선 도시이다. 전년의 케네디 암살로 부대통령에서 승격된 존슨은 '위대한 사회'란 슬로건을 내걸고 연방정부의 관여를 강화함으로써 미국 사회의 빈곤 문제를 해결하고자 했다.

제2차 세계대전 후 미국은 압도적인 경제력을 자랑했고, 1960년대에 들어서자 그 풍요로움으로 '큰 정부'를 유지하며 빈곤을 해결하고자 하는 사회 개혁 풍조가 강해졌다. 존슨의 '빈곤과의 전쟁'도 그중 하나로, 아이네즈 방문

존슨 전 대통령이 아이네즈를 방문했을 당시
취재를 맡았던 전직 기자 리 밀러

에는 전미 미디어가 동행했으며 대통령이 실직한 탄광 노동자 토미 플레처와 면회하는 모습을 일제히 보도했다.

이를 젊은 시절에 취재했던 지역 신문 기자 리 밀러(75)가 취재에 응해주었다. 깊은 산속이라 그런지 구글 지도도 밀러의 집을 정확하게 표시해주지 않았다. 헤매고 헤맨 끝에 겨우 도착할 수 있었다.

"존슨 대통령 덕분에 아이네즈는 '애팔래치아의 빈곤Ap-palachian poverty'의 대명사가 됐어요. 뭐 빈곤한 건 지금도 변함이 없지만요."

밀러가 자택에서 웃으며 기억을 더듬었다. 당시 밀러는 상사의 지시로 카메라를 들고 취재를 하러 갔었다.

"40호선 근처 공터에 주민 5,000명가량이 구경하러 나와 있었고, 헬기가 착륙했어요. 거기에서 대통령과 영부인은 오픈카로 갈아탔고 토미의 집으로 이동했어요. 고등학생 밴드가 '헤일 투 더 치프Hail to the Chief(대통령 만세)'를 연주했고, 지역 은행 점장을 비롯한 3명이 시민 대표로서 영접을 했어요. 토미의 집 앞에선 카메라맨과 기자 약 200명이 경쟁적으로 사진을 찍었어요. 제가 찍은 사진도 나쁘진 않지만, 제일 유명해진 건 타임지Time에 실린 사진이었어요."

밀러는 오래된 신문 기사 복사본 중에서 당시 자신이 쓴 기사와 사진을 꺼내 보여주었다.

"맞아, 맞아! 대도시에서 온 기자는 다들 검정 양복 차림이라 여기가 꼭 (샐러리맨이 많은) 도쿄가 된 것 같았어요."

그리고 지역 주민으로서의 진심을 말하기 시작했다.

"갑작스러운 대통령의 방문에 우리 주민들은 당황했어요. 사실 당시에 우리는 스스로 가난하다고 생각하지 않았거든요. 현금 수입은 많지 않았지만, 먹거리는 재배했고 부족한 건 이웃과 서로 교환했어요. 다들 똑같은 생활 수준이었어요. 말하자면 '평등한 사회egalitarian society'였던 거예요. 비교할 부유층도 없었고 빈곤하다고 생각하지도 않았어요. 근데 대통령이 오고, 전미 미디어가 대통령이 아이네즈에서 '빈곤과의 전쟁'을 선포했다니까, '아! 우린 빈곤하구나!' 했죠."

뮐러는 일어나 창밖으로 보이는 야구장만한 공터를 가리키며 계속해서 말했다. 그가 키우는 개 두 마리가 뛰놀고 있었다.

"밭에는 옥수수랑 야채, 수박이 잔뜩 열려 있었고, 가축은 소하고 말, 돼지를 방목했어요. 다 못 먹고 남으면 통조림으로 만들거나 훈제해서 겨울에 대비했어요. 작은 새와 토끼, 다람쥐도 귀중한 단백질원으로 식용했어요. 그래서 이 주변에서는 이것들을 잡아먹는 고양이를 싫어했어요."

때때로 그런 농담을 섞어가며 이야기를 이어갔다.

"존슨 대통령이 선정한 '빈곤의 도시'에서 우리는 그렇게 살고 있었어요. 우리 도시가 '빈곤과의 전쟁'의 시작 지점으로 이용될 줄은 몰랐어요."

밀러는 웃는 얼굴로 온화하게 말했지만 대도시 워싱턴에서 갑자기 찾아온 엘리트에게 일방적으로 가난뱅이 취급당한 것에 대한 불만이 엿보였다.

"당시 이곳 사람들은 자신이 가난하다거나, 빈곤한 도시에 살고 있다고 생각하지 않았던 거네요?"

내가 확인차 묻자 밀러가 대답했다.

"네, 우리는 전혀 그렇게 생각하지 않았어요. 근데 그들은 그렇게 생각했죠. 그들이 토미의 집에 들른 건 우연이 아니에요. 마틴카운티에는 그럭저럭 훌륭한 집도 있었는데, 그들은 이 지역 도로변의 판잣집shack을 골랐어요. 현관이 있었고 집주인은 실직 중인 전직 탄광 노동자였고 아이도 많았으니까, 뭐 대통령과 영부인 입장에선 더할 나위 없는 사진 촬영 포인트라고 생각됐겠죠. '애팔래치아의 빈곤'에 적합한 장소를 사전에 조사했던 거예요."

잊혀진 사람들

앞서 언급한 바와 같이 마틴카운티에서 트럼프는 공화당 당원집회에서도, 본선에서도 압도적인 강력함을 보였다. 어째서 강한 걸까.

밀러는 "트럼프에 대해선 다들 TV를 통해 알게 됐어요. 식품 대기업이나 금융 기관 등 대기업의 헌금에 의지하지 않고 자기자금을 선거전에 투입했어요. 하고 싶은 말은 뭐든 하는 게 워싱턴의 전형적인 관료나 정치인하고는 완전히 달라 보였어요. 그런 후보자에게 사람들이 끌리는 거겠죠"라고 말했다.

여기까지는 전미 다른 지역과 마찬가지일 것이다. 다만 마틴카운티에서는 지역 사람들이 '잊혀졌다'는 느낌을 특히 많이 받고 있다고 했다.

마틴카운티는 다른 애팔래치아 지방보다 깊은 산속에 있어 석탄 산업의 본격화가 1974년에 뒤늦게 이루어졌다. 1973년의 제4차 중동전쟁과 그에 뒤이은 미국에 대한 중동 제국의 원유 금수 조치 및 원유 가격 급등을 계기로 미국 석탄 산업이 마틴카운티까지 진출했다. 옆 웨스트버지니아주에서 철도가 연장되어 들어왔다.

밀러는 "존슨 대통령 시대에 시작된 정부의 빈곤 프로그램보다 석탄 산업이 들어온 것이 경제 면에서 더 크게 플러스가 됐다"고 했다. 당시 지역민은 일자리를 구하러 미시간주 디트로이트 주변의 자동차 산업과 버지니아주 Virginia 노퍽Norfolk의 조선소, 오하이오주의 가전 공장 등으로 객지벌이를 하러 나가 있었는데 많은 가족이 고향으로 돌아왔다.

"결국에는 선생까지도 학교를 그만두고 석탄 산업에 뛰어들었어요. 급료가 2배 이상 차이 났으니까요. 딱히 석탄 산업이 아니더라도 누구나 중류 계급이 될 수 있었던 시대예요. 고등학교를 나오지 않아도 몸을 움직일 수 있고 상식이 있으면 고용해주었어요. 취직한 다음에 훈련받으면 됐어요. 우리 할아버지는 고등학교에서 낙제했지만, 한국전쟁에서 돌아온 다음 직업 훈련을 받아 드릴링 머신 기사로서 넉넉하게 돈을 벌었고, 훌륭한 집도 짓고 두 딸도 대학에 보냈어요."

'트럼프 왕국'에서 고령자와 이야기를 나누면 누구나 비슷한 이야기를 한다. 압도적인 경제력을 향유한 세대의 향수라고 할 수 있다. 밀러는 계속했다.

"또 노동자에게는 장기 휴가가 있었어요. 일반적으로 기업에서는 2주일을 줬어요. 이 지역에서는 어느 탄광이든 6월에 2주간 같은 시기에 일제히 휴업했어요. 그걸 '탄광 휴가'라고 불렀고, 많은 가족이 사우스캐롤라이나주의 머틀비치Myrtle Beach로 놀러 갔어요. 켄터키주에는 바다가 없으니까요. 플로리다주까지 가는 가족도 있었어요. 제가 근무했던 신문사에서도 근속 15년에 3주간, 20년에 4주간 휴가를 줬어요."

여기까지는 러스트벨트의 전직 철강맨 조의 이야기(60쪽)와 같았다. 휴가를 받을 만한 시간과 금전적 여유가 있었던 시절을 그리워하는 모습이 샌더스 지지자 케리 코너즈(48)의 이야기(277쪽)와도 겹쳐졌다. 미국 중류 계급의 공통된 인식인 듯하다.

물론 그런 시대는 거의 끝났다.

"석탄 산업이 이 지역에서 몰락한 건 불과 4년 전이에
요. 제조업도 중국과 멕시코, 인도로 빠져나갔어요. 저는
오바마 대통령한테 기대를 걸었지만 그도 흐름을 바꾸진
못했어요. 공화당이 다수인 의회 협력을 얻을 수 없으니
어쩔 수 없다고는 생각하지만, 좀 실망했던 것도 사실이
에요."

　그렇게 말하고 주방으로 안내했다. 수도꼭지를 비틀자
물이 나왔다.

　"이 근방에서는 결국 물까지 마실 수 없게 됐어요. 아까
그 커피는 사 온 생수로 탄 거예요. 관청에서는 매주 10분
간 팔팔 끓인 다음에 마시라고 경고해요. 이 나라의 문제
는 펜타곤(즉 군수 산업)으로는 끊임없이 돈이 흘러드는데 서
민의 생활과 직결되는 인프라 정비에는 자금을 할당하지
않는다는 거예요. 이 도시의 수처리시설은 65년 전에 설
치된 이래 개수된 적이 없어요. 결국 위험해서 물을 마실
수 없게 됐죠. 이해하나요? 고등학교에도, 재판소에도, 공
공 식수대가 없단 뜻이에요. 물을 마실 수 없는 도시에서
대체 누가 살고 싶겠어요."

빈곤율 40%

마지막으로 뮐러 본인은 누구를 대통령으로 지지하느냐고 물었다. 그는 민주당 예비선거 때는 클린턴과 정식 대선후보 자리를 두고 경쟁했던 자칭 '민주사회주의자' 상원의원 버니 샌더스를 지지했다고 대답했다. 부유층은 계속 풍족해지고, 나머지 중류 계급의 삶은 점점 각박해지는 현실을 두고, "이상하다!"고 굽히지 않고 계속 주장하는 샌더스의 자세가 마음에 들었다고 했다.

앞에서도 언급했지만 마틴카운티 공화당 당원집회에서 트럼프는 60% 넘게 득표했는데, 샌더스도 민주당 예비선거에서 50% 넘게 득표해 클린턴을 눌렀다. 공화당과 민주당 모두 '아웃사이더' 후보가 주류파를 이긴 셈이다.

내가 그만 돌아가려고 하자 뮐러가 '토미네 오두막'으로 안내해주겠다고 했다. 자동차로 10분 거리에 있었다. 뮐러가 '판잣집 오두막'이라고 표현했던 대로 지극히 소박한 집이었다. 확실히 사진으로 봤던 것과 똑같은 집이었다. 존슨이 방문했던 1964년과 똑같은 상태로 남아 있었을 뿐

아니라 지금도 다른 사
람이 살고 있다고 했다.
현관 테라스에는 오래
된 소파가 놓여 있었고
장작도 쌓여 있었다.

1964년에 존슨 전 대통령이
방문했던 '토미네 오두막'
지금도 사람이 살고 있다

　헤어질 때 뮐러는 빈
곤율 통계 등을 통해
이 지역의 실태를 조사해보면 도움이 될 거라고 조언해주
었다. 보이는 것 이상의 냉혹함이 통계에 나타나 있을 것
이라고 했다. 집으로 돌아와 조사해보니 마틴카운티의 가
계 소득 중앙값은 2만 5,795달러(약 2,900만 원)로, 전미(5만 3,889
달러, 약 6,000만 원)의 절반 수준이었다. 빈곤율은 40% 이상으
로 전미(13.5%)의 3배에 달했다.

미국임에도 새 차를 팔지 않는 도시

　겨우 식사를 할 수 있을 법한 다이너(식당)를 찾았다. 눈
에 띄는 간판은 없었고, 벽에는 미국 국기가 걸려 있었다.

겨우 식사를 할 수
있을 것 같은
다이너를 발견
(켄터키주 아이네즈)

켄터키주 마틴카운티 아이네즈. 평일 오전 10시 전. 이
미 이 지역의 노인 6명이 모여 커피를 마시고 있었다. 주
위의 다른 테이블에 앉아 있는 손님까지 포함해 전원이
백인 고령 남성이었고, 인기 있는 컨트리 뮤직 가수 돌리
파튼Dolly Parton의 이야기를 신나게 주고받고 있었다.

"죽기 전에 한 번 더 돌리를 보고 싶어!", "당장 테네시
주Tennessee로 콘서트를 보러 가자!", "최고다! 끝내준다!"

단골들의 대화 내용에 점원도 쓴웃음을 지었다. 그 점
원한테 뭐가 맛있느냐고 물었더니 "고기 소스를 곁들인
비스켓이 가장 인기가 많아요!"라고 추천해주었다. 추천
해준 대로 주문하고 대화에 끼기 위해 6명의 옆 테이블에

앉았다.

"오오! 센스 있게 주문을 잘했네!"라며 먼저 말을 걸어준 사람은 전직 고등학교 교사 러셀이었다. 6명의 리더격인 듯했다.

그러자 러셀의 옆에 앉아 있던 남자가 "자네, 일본 기자지?"라고 물었다. 내가 놀라자 자신은 밀러의 친구라고 했다. 아이네즈의 백인 비율은 89%이다. 애팔래치아 산맥도시들은 어디나 비슷하다. 아시아인은 거의 없기 때문에 좌우간 눈에 띈다.

러셀은 1964년 당시 교사로서 학생을 버스에 태우고 존슨 대통령 방문 현장에 견학을 갔었다고 한다. 그러면 나이가 70대 후반 이상일 것으로 추정된다. 그는 지역 사정을 설명해주었다.

"일대는 석탄 산업으로 번창했었지만 지금은 완전히 쇠퇴해버렸어. 탄광이 전부였어. 여기는 공장도 없고, 가게도 없어. 미국은 자동차 산업으로 세계를 견인한 나라인데, 이 도시에서는 새 차도 판매하지 않아. 어딜 뒤져봐도 새 차를 안 팔아. 오래된 자동차만 덜덜거리며 주민들 사이를 오가지. 거리를 달리는 건 다 중고차야. 새 차를 사려면 다른 카운티까지 가야 해."

미국임에도 새 차를 살 수 없다는 사실이 러셀에게는 도시 쇠퇴의 상징으로 느껴지는지 무척 분해 보였다.

화제는 사회 복지로 바뀌었다. 애팔래치아 도시에서 고령자와 이야기를 나누면 반드시 이 주제가 화제로 오른다.

33년간 교사로 근무했다는 러셀이 갑자기 목소리를 낮추고 말했다.

다이너에서 만난
전직 탄광 노동자

"이 일대 사람이 현재 어떻게 생계를 꾸려가고 있냐고? 내가 근무했던 고등학교 학생 80%는 블루체크였어."

"블루체크라면 사회 복지를 말하는 건가요?"라고 내가 묻자 "쉿! 그런 말 하면 안 돼. 다들 그 단어에 무척 민감하니까!"라며 당황한 기색으로 점내를 둘러보았다. 아무래도 사회 복지가 맞는 모양이다. 앞서 언급한 바와 같이 마틴카운티의 빈곤율은 40%를 넘는다. 전미 빈곤율 13.5%보다 훨씬 높은 수치이다.

탄광 부활! "트럼프가 해줄 것이다!"

러셀이 말했다. "이 사람 얘기를 들어보는 게 어때? 재미있을걸?"

소개해준 사람은 옆 테이블에서 커피를 마시던 전직 탄광 노동자 글렌 클라인(77)이었다. 1957년에 고등학교를 졸업하고 일단 제조업이 발달한 오하이오주로 넘어가 '웨스팅하우스일렉트릭Westinghouse Electric Company'에서 냉장고를 만들었다.

그러다 30대 중반에 고향으로 돌아와 1975~1995년의 20년간 탄광 노동자로 살았다. 1973년 중동전쟁을 계기로 석탄 산업이 아이네즈로까지 확대 개발되면서 주 밖에서 '객지벌이'하던 사람들이 도시로 돌아왔다던 뮐러의 설명과 정확하게 일치했다.

클라인은 석탄 노동자의 자긍심에 대해 말해주었다.

"등에 큰 부상을 입고 수술하기까지 20년간 석탄회사 2곳에서 근무했어요. 석탄 채굴하기, 탄광의 공조기 운전을 안정화시키기, 석탄을 운반하는 벨트 콘베이어 운전하기, 뭐 그런 게 내 일이었어요. 모두가 했던 일이죠. 게다가 봉급도 좋았어요."

마찬가지로 전직 탄광 노동자인 옆에 앉아 있던 남성도 고개를 끄덕이며 이야기를 들었다. 클라인은 계속했다.

"당신도 집에서 전기를 켜겠죠? 스위치로 달칵 하고. 여름에는 당연한 듯 에어컨을 쓰겠죠? 전기 에너지는 거의 석탄으로 만들었어요. 모두가 석탄의 혜택을 누려온 셈이죠."

"애당초 제1차 세계대전 때도, 당신네(일본)와 싸웠던 제2차 세계대전 때도 승리할 수 있었던 건 철 때문이잖아요? 제철소의 에너지원은 어디든 석탄이었어요. 지금껏 미국이 번영할 수 있었던 것은 다 석탄 덕분이에요. 젊은 사람은 그걸 전혀 몰라요."

석탄 산업의 부활을 원하는
전직 탄광 노동자 글렌 클라인(오른쪽)

클라인은 가게의 냅킨에 도식을 그렸다.

한가운데 크게 '석탄Coal'이라고 쓰고 거기에 화살표 2개
를 그렸다.

석탄→전기→에어컨

석탄→철→전쟁→승리→슈퍼 파워

"아주 심플하죠. 근데 이게 진실이에요"라며 자신만만
하게 웃었다. 어느새 주변 남성들도 도식을 들여다보고
있었다.

"요즘은 천연가스네 풍력발전이네 하는데, 그게 잘 될
까요? 다른 데는 모르겠지만 이 도시는 죽었어요. 사람들
생활이 파탄 나면 그건 실패인 거잖아요? 석탄을 주력 에
너지로 되돌려야 해요. 그것만으로 모든 게 잘 굴러갈 겁
니다. 석탄은 만병통치약! 모든 걸 회복시켜줄 거예요."

"탄광 노동자만을 위해 이런 발언을 하는 게 아니에요.
이 주변의 식료품점, 양복점, 아까 말한 자동차 판매점까
지, 모두에 영향을 끼쳐요. 석탄이 미국을 세계 최강의 국
가로 성장시켰어요. 석탄이 미국의 척추란 사실에는 의
심의 여지가 없어요. 석탄 산업이 잘 굴러갔을 땐 모든 게
잘 굴러갔어요."

주위 남성진이 모두 고개를 끄덕였다. 클라인이 계속
말을 이었다.

"그런데 갑자기 정치인들이 '석탄은 더럽다!'고 주장하기
시작했어요. 원유 채굴은 계속하면서 석탄만 집중 공격!

EPA(미환경보호청)가 모든 악의 근원이야! 미국을 망쳤어!"

인품 있는 클라인이 분노의 말을 쏟아내자 일제히 폭소를 터트렸다.

마지막으로 클라인은 트럼프를 지지하는 이유를 말했다.

"석탄 산업을 완전히 부활시켜야 해요. 그러면 사람들이 급료를 받아 차도 살 수 있고, 집도 살 수 있고, 아이도 양육할 수 있어요. 그게 전부 아닌가요?"

"그걸 누가 가능하게 할 수 있죠?"라고 질문하자 그런 바보 같은 질문은 하지도 말라는 말투로 말했다.

"당연히 트럼프죠. 그가 해줄 거예요. 주변의 잡음 따위 신경 쓰지 않아요. 생각하는 걸 그대로 말하죠. 정치인처럼 거짓말하지 않아요. 그래서 다들 지지하는 거예요. 민주당은 반대예요. 클린턴은 석탄 산업을 짓밟을 거예요. 오바마하고 똑같은 노선이에요. 나도 내가 마틴카운티의 늙은이라는 것쯤은 알아요. 난 이 도시에 남아 이 도시를 위해 발언할 거예요."

석탄 생산량에 관한 통계에 따르면 석탄 전미 생산량은

2000년 10억 7,361만(단위는 쇼트톤)에서 2015년 8억 9,593만 (동일)으로 16% 이상 감소했다. 그런데 지역별로 보면 켄터키주의 경우 2000년 1억 3,068만에서 2015년 6,133만으로 반 토막 나는 타격을 입었다.

탄광이 되살아나면 돈이 돈다

점심때가 다가오자 현역 세대 노동자 5명이 가게로 들어왔다.

스티브 뷰처(55)는 도로 건설업을 경영한다. 타고 다닌지 오래된 듯한 픽업트럭에는 '트럼프 2016' 스티커가 붙어 있었다. 그러나 늘 공화당을 지지하는 것은 아니라고한다.

"역대 대통령 중 최고는 (민주당의) 빌 클린턴이야. 고용 상황도 좋았고 (르) 전쟁도 없었고 번영했으니까. 부시는 최악이었지. 젊은이의 목숨과 돈을 희생시킨 이라크 전쟁을 시작했어. 전 세계의 온갖 혼란에 관여하려고 했던 최악의 대통령이야."

그럼 왜 트럼프 지지자가 됐는가.

"탄광이 되살아나면 돈이 돌고, 도로 복구 공사도 늘어나. 돈이 돌고 돌지. 트럼프는 일관되게 석탄 산업 부활을 공약하고 있어. 그걸 믿을 수밖에 없어"라고 대답했다.

의외로 뷰처의 남동생 로니(49)는 다가와 "모두가 트럼프를 지지하는 건 아냐. 난 힐러리야"라고 했다.

"이미 발전소의 주력 에너지는 천연가스로 전환됐어. 이제 와서 석탄으로 되돌릴 수 있을 리 없지. 석탄은 시대에 뒤처졌어"라고 형에게 들리도록 일부러 큰 목소리로

도로 건설업자 스티브 뷰처. 트럭에는
트럼프를 지지하는 스티커가 붙어 있다

말했다.

아무래도 늘 논쟁을 하는 듯 형도 웃었다.

동생 로니가 계속했다. "트럼프는 광산 속에 뭐가 있는지도 모르는 사기꾼이야. 석탄 덩어리랑 모래 덩어리도 구분 못 해. 석탄 산업의 기본도 몰라. 무책임하게 탄광을 부활시키겠다고 공약하는데 가능할 리 없어"라며 내뱉듯이 말했다.

로니는 내가 아이네즈에서 만난 처음이자 마지막 클린턴 지지자였다.

연기가 피어오르는 용광로 벽화

2016년 6월. 트럼프가 애팔래치아 지방에서 무역 정책을 테마로 연설할 거라는 정보가 들어왔다. 연설 주제는 '미국의 경제적 독립 선언'이고, 장소는 펜실베이니아주 남동부의 도시 모네센Monessen이라고 했다.

들어본 적 없는 도시였다. 지도로 확인해보니 피츠버그에서 남쪽으로 자동차로 1시간 거리의 애팔래치아 산맥

중턱에 위치했으며, 피츠버그로 흘러드는 머논가힐라 강에 감싸여 있는 듯한 모습을 하고 있었다. 석탄 산업과 제철의 도시라는 것을 알 수 있었다.

트럼프는 연설 장소로서 수도 워싱턴과 출신지 뉴욕이 아니라 애팔래치아 산맥 중턱에 있는 옛 제철소 터를 골랐다. 제1장~제3장에서 다루었던 러스트벨트와도 겹치는 지역이다. 일부러 경제적 피폐 지역에 쳐들어가 무역 정책을 호소하는 셈이다. 트럼프의 결의 표명이라고 하겠다.

6월 28일 나는 모노센에 일찍 도착해 자동차로 도시를 둘러보았다.

큰 거리에서도 폐건물이 눈에 띄었다. 길모퉁이에 서 있는 빌딩도 유리창은 이미 어딘가로 가고 합판이 끼워져 있었다. 건물은 잡초로 뒤덮이기 시작했다.

과거에는 상점가였던 듯하다. 하지만 점포의 상호는 빛이 바랬고 셔터는 내려가 있었다. 3층짜리 벽돌 건물도 무인 상태였는데 눈에 잘 띄는 건물 꼭대기 외벽에는 그림이 그려져 있었다.

'모네센의 용광로'라고 타이틀이 적혀 있었고 20개가량

용광로 벽화. 연기가 뭉게뭉게 피어오른다

의 검은 굴뚝에서는 연기가 뭉게뭉게 피어오르고 있었다. 철이 계속해 만들어지고 용광로가 풀가동됐던 시대의 모습이다. 배경에는 애팔래치아 산들도 그려져 있었다. 이 도시에 사는 사람들의 자긍심이 느껴졌다.

당신, 자유주의자야?

연설 회장은 머논가힐라 강변에 있는 옛 제철소 건물이었다. 경계 중이던 지역 경찰관에 따르면 지금은 리사이클 공장으로 사용되고 있다고 했다.

개시 시간까지는 시간이 조금 남아 있었다. 회장 밖에 줄 서 있는 지지자를 취재하기 시작했다. 그러다 사소한 트러블에 말려들었다.

"당신, 자유주의자야?"

"뉴욕타임즈 기자야?"

지지자 여성을 취재하는데 근처에 있던 다른 여성이 큰 소리로 난리를 치기 시작했다. 서슬이 시퍼랬다.

그녀의 시선은 내 목에 걸려 있는 입관증을 향하고 있었다. 내가 근무하는 아사히朝日신문 뉴욕 지국은 뉴욕타임즈 본사 빌딩 사무실을 임차해 사용한다. 따라서 입관증은 뉴욕타임즈 빌딩의 것이었고, 당연히 '뉴욕타임즈'라고 쓰여 있었다.

그것이 오해를 불렀다. 뉴욕타임즈란 단어는 트럼프 지지자 사이에서 금지 용어에 가깝다. 트럼프의 문제점을 파헤치는 조사 보도 기사를 연발하고 있기 때문이다. CNN이나 워싱턴포스트보다도 훨씬 맹렬하게 증오 받고 있다는 인상이다.

여성의 소동을 기점으로 주위 사람들은 일제히 "당신과는 말을 섞지 않겠습니다!"라며 취재를 거절했다. 여기까지 와서 트럼프 지지자를 취재하지도 못하고 빈손으로 돌아갈 수는 없었다. 서둘러 사정을 설명했다.

"아사히신문은 뉴욕타임즈와 건물은 같지만, 완전히 다른 신문을 만들고 있습니다. 이걸 봐주세요. 국무성 발행 외국인 기자증입니다. 전 일본인입니다……." 좌우간 생각나는 말은 뭐든 했지만 좀처럼 믿어주지 않았다.

"애당초 뉴욕타임즈 기자라면 영어를 이렇게 못할 리가 있나요?" 슬펐지만 그렇게 외쳤더니 "듣고 보니 그러네", "하긴 그래"라는 분위기가 됐고 이해해주는 사람이 나타났다.

에드너 프린키(80)는 옆에 있던 대학생 손녀딸 레이첼 패스터스(22)와 함께 취재에 응해주었다.

에드너는 트럼프를 지지하는 이유에 대해 이렇게 말했다.

"그는 서민의 마음을 알아. 탄광 부활이나 위대한 미국의 부활 등 우리가 줄곧 정치인에게 기대하던 걸 주장하

트럼프 지지자 에드너 프린키(왼쪽)와 손녀 레이첼 패스터스

고 있어."

그녀의 가족은 아버지, 남편, 장남의 3세대가 탄광 노동자인 '탄광 가족'이었다.

"연방정부의 규제와 세계화로 탄광과 제철소가 폐쇄돼 이 지역에는 이제 아무것도 남은 것이 없어", "손자 세대는 취직할 데가 없어"라며 불만을 토로했다.

지역 신문 기자에 따르면 예전에는 인근을 포함해 수만 명이 제철소에서 근무했지만, 지금은 캘리포니아 펜실베이니아대학과 머논가힐라밸리병원이 지역 최대의 고용주라고 한다. 이 기자는 "즉 평범한 도시가 된 거죠"라고 말했다.

뉴욕에 부임한 이래 탄광 3세대 가족을 만난 것은 처음이었다. 언젠가 추가 취재를 하려고 프린키과 연락처를 교환하고 헤어졌다.

듣기 좋은 연설

트럼프의 연설은 여느 때처럼 먼저 지역민의 마음을 헤아리는 발언에서부터 시작됐다. 트럼프는 결과적으로 이 지역을 포함하는 애팔래치아 지역에서 압승을 거두었다. 결과적으로 이번 대통령 선거를 좌우했던 애팔래치아 지방과 러스트벨트가 겹치는 도시에서 했던 트럼프 연설의 요지를 소개하고 싶다.

"오늘은 제가 미국을 다시 유복하게 만드는 방법에 대해 말씀드리겠습니다. 이건 해야만 합니다. 피츠버그는 건국의 중심적 존재였습니다. 펜실베이니아 철강 노동자의 공적은 미국의 풍경을 구성하는 다리와 철도, 마천루

애팔래치아 지방의 옛 제철소 터에서 무역 정책을 발표하는 트럼프

에 남아 있습니다. 하지만 노동자들의 근로는 배신이라는 처우를 당했습니다. 여러분이 누구보다 잘 알 것입니다. 세계화 때문에 일과 부, 공장이 멕시코로 옮겨가고 말았습니다. 세계화는 금융 엘리트의 배를 채워주었습니다. 부끄럽지만 저도 과거에는 그중 한 사람이었습니다."

여기서부터 현직 정치인 비판과 자기선전으로 전환된다. 라이벌 후보 클린턴에 대한 비판도 이어진다. 클린턴은 '현상 유지', 자신은 '변화'의 상징이라는 단순한 구도였다.

"노동자 수백만 명이 빈곤과 고통 속에 외롭게 남겨져

있는데 정치인은 아무것도 하지 않았습니다. 우리는 일자리를 잃고 높은 실업률에 고통받고 있는데 그들은 몇 년씩이나 방관했습니다."

"많은 지역은 지금도 회복될 기미가 없고, 앞으로도 회복되지 않을 것입니다. 제가 대통령이 되지 않는 한 말입니다! 제가 대통령이 되면 바로 회복됩니다. 정치인은 우리의 생활 수단을 빼앗았습니다. 내가 사랑하는 내 일이 몇천 마일이나 떨어진 먼 곳으로 떠나는 것을 쳐다보고 있었습니다. 펜실베이니아주 많은 도시들이 과거에는 번영했었지만, 세계화는 중류 계급을 전멸시켰습니다. 아직 만회할 수 있습니다. 그것도 순식간에!"

"하지만 목표가 진정한 개혁이라면 위압적인 정치인이나 정치 왕조를 거절해야만 합니다. 그들은 현상 유지를 하기 위해서라면 뭐든지 합니다. 시스템을 부정하게 조종하는 사람은 클린턴을 지지합니다. 클린턴이 정권을 잡으면 현상 유지 할 수 있다는 것을 그들은 알기 때문입니다. 도시는 여전히 가난할 것이고, 공장은 여전히 폐쇄되어 있을 것이며, 또한 국경도 계속 열려 있을 것입니다. 클린턴과 세계적 금융업계에 있는 클린턴의 측근들은, 미국인으로 하여금 꿈꾸는 것을 단념시키려고 하고, 보다 나은 미래를 위해 한 표를 던지는 것을 저지하려고 합니다."

"저는 그와 정반대되는 메시지를 갖고 있습니다. 여러분이 아메리칸 드림을 실현하길 바랍니다. 보다 나은 인생을 꿈꾸길 바랍니다. 현 상태로는 무리입니다. 미국의 금융과 외교를 모두 밑바닥으로 떨어트린 엘리트로부터 독립하게 됐을 때 얼마나 인생이 좋아지게 될지를, 여러분이 상상하길 바랍니다. 영국에 있는 제 친구도 최근에 경제와 정치와 국경 지배권을 회복했습니다."

"슬프게도 우리는 방향을 잃었습니다. 미국은 제조업으로 세계 경제 대국이 됐습니다. 여러분도 잘 아실 것입니다. 부가 창출되어 널리 배분됐고, 세계 최대의 중류 계급이 형성됐습니다. 하지만 미국은 그 정책을 바꾸었습니다. 국내 발전보다 해외 진출을 중시하게 된 것입니다. 외국이 다양한 수단으로 부정한 짓을 저지르는데, 우리 정치인은 아무 대처도 하지 않았습니다. 그 결과 막대한 달러와 일자리가 해외로 유출되고 말았습니다."

"오늘날 우리는 수출보다 수입을 많이 하고 있습니다. 이를 지속해서는 안 됩니다. 하물며 이는 자연재해가 아닌 정치인이 낳은 재해입니다. 간단한 일입니다. 올바르게 생각할 수 있는 사람이 있으면 단기간에 수정할 수 있습니다."

"미국주의Americanism보다 범지구주의globalism를 숭배한 지도자들 탓입니다. 지금이야말로 경제적 독립을 선언할 때입니다. 그것은 바로 도널드 트럼프에게 한 표를 던지는 것입니다."

"빌 클린턴 정권이 중국을 WTO에 가입시킨 후 피츠버그의 도시와 펜실베이니아주는 제조업 고용의 3분의 1을 잃었습니다. 또 동기간 전미에서 5만 개의 공장이 폐쇄됐습니다. 무역 적자의 절반은 중국 무역에 따른 것입니다. 클린턴 국무장관은 또 일자리 상실을 초래할 수 있는 조약을 한국하고도 체결했습니다. 이로 인해 한국과의 무역 적자는 배로 증가했고, 국내에서는 10만 가까운 고용이 감소했습니다. (민주당 예비선거 후보) 샌더스도 지적한 바와 같이 힐러리 클린턴은 국내 일자리 몇 백만 개를 없애는 거의 모든 무역 협정을 지지해왔습니다."

"TPP는 국내제조업에 치명적인 타격을 줄 것입니다. 해외의 이익을 자국의 이익보다 우선하므로 우리의 경제적 이익은 없어질 것입니다. 사기꾼들은 약속을 지키지 않습니다. 우리 경쟁 상대는 염가 상품을 미국 시장에 푸는 한편, 우리 상품은 수출하지 못하게 방해할 것입니다."

여기까지 말한 다음 뉴스가 된 선언을 했다. 그때까지도 트럼프는 예비선거에서 TPP 비판을 반복했지만 이날은 '미국 제조업에 치명적인 타격을 준다'며 탈퇴를 선언했다. 교섭에는 일본을 포함하는 12개 국가가 참가했었는데, 추후 무역 교섭은 다국적으로 진행하지 않고 국가 양자 간 진행할 것이며, "가장 터프하고 현명한 자를 교섭담당자로 임명하겠다!"고 공약했다.

NAFTA와 관련해서도 재교섭을 요구할 것이며 상대국이 응하지 않을 경우 "탈퇴 의사를 드러내겠다!"고 선언했다. 또 대중국 무역 적자 및 고용 유출을 비판하고, 중국을 환율조작국으로 인정하도록 재무장관에게 지시하겠다고도 공약했다.

다양성을 우려하는 목소리

1개월 후 트럼프가 공화당 대선후보로 정식 지명된 당대회가 열렸다. 열광하는 대의원과 당원들 사이에서 '트럼프, 석탄을 캐다Trump Digs Coal'라는 플랜카드가 흔들리고 있었다. 특히 펜실베이니아주 대의원석 근처에서 눈에 띄었다. 탄광 부활을 주장하는 트럼프를 향한 열렬한 지지 표명이었다.

모네센 연설 회장에서 취재했던 에드너 프린키의 얼굴이 떠올랐다. 역시 이야기를 충분히 들어보고 싶었다. 전화를 걸자 추가 취재를 환영해주었다.

2016년 8월 9일 펜실베이니아주 코넬스빌 자택을 방문하자 에드너 프린키가 전직 탄광 노동자 남편과 함께 맞이해주었다.

나는 동료와도 곧잘 논쟁했던 소박한 의문을 던져 보았다.

1950년대를 그리워하는 에드너 프린키(앞)와
전직 탄광 노동자인 그녀의 남편(뒤)

"트럼프 지지자 여러분은 미국을 '다시 위대하게!'라고
하는데 타국에 비해 충분히 위대한 나라라고 생각하는데
요. 땅도 넓고, 에너지도 풍부하고, 세계에 대한 영향력도
아직 큽니다. 실제로 저 같은 해외 기자도 미국 대통령 선
거를 취재하고 있고요. 어떤 부분이 불만이신 거죠?"

그러자 에드너가 대답했다.

"미국의 위대함은 이 정도가 아니었어. 비교도 안 돼.
1960년대부터 계속 내리막길이야. 1950년대 미국은 최고
였어."

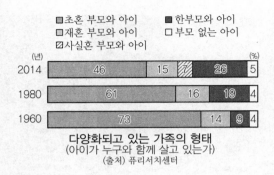

다양화되고 있는 가족의 형태
(아이가 누구와 함께 살고 있는가)
(출처) 퓨리서치센터

당시를 회상하는 에드너의 눈에서는 빛이 났다.

"석탄 산업은 번성했고 노동자는 벌고 싶은 만큼 돈을 벌 수 있었지. 도시 중심부에 영화관이 세 개나 있어 요금이 10센트인 버스를 타고 매주 영화를 보러 갔었어. 도시 전체에 윤리와 도덕이 있었지. 공립학교에서는 성서를 제대로 가르쳤기 때문에 다들 근면했고 예의 발랐고 범죄도 없었어. 외출할 때도 잘 때도 문을 잠갔던 적이 없어. 다른 집 애들도 자기 자식처럼 어른이 교육을 시켰고."

그런데 1960년대부터 바뀌어버렸다며 한탄했다. "결혼하지 않는 사람도 늘었어."

퓨리서치센터의 2014년 보고서에 따르면 25살 이상 남녀 중 결혼한 적 없는 사람의 비율은 1960년대에서 약 50년 만에 남성은 10%에서 23%로, 여성은 8%에서 17%로 2배 이상 증가했으며 그 수는 약 4,200만 명에 달한다.

가족 형태도 급속하게 바뀌었다. 퓨리서치센터에 따르면 두 사람 모두 초혼인 부모(이성혼) 밑에서 자란 아이의 비율은 1960년 73%에서 반세기 후 2014년에는 46%로까지 감소했고, 싱글 페어런트(한부모) 가정의 아이는 9%에서 26%로 증가했다.

에드너는 우려를 표시했다.

"도시에 모르는 사람이 늘었어. 인종이 다양해졌어."

그것도 사실이다. 미국에서는 1965년 개정이민법으로 히스패닉계와 아시아계 등 새로운 이민의 파도가 거세졌다. 이를 계기로 미국은 다수의 이민자를 출신국에 따른 차별 없이 수용하기 시작했다. 미국은 '이민자의 나라'지만 이는 커다란 전환점이 됐다.

당연히 그 이야기를 하는 줄 알았는데 에드너는 "폴란드인이나 슬로베니아인 같은 새로운 사람들이 늘었어"라고 했다. 이 말에는 솔직히 놀랐다.

보이는 세계가 다른 것이다. 내가 "제 눈에는 다 백인이라 구별이 전혀 안 됩니다만?"이라고 묻자 "영국이나 독일 출신자하고 그들은 달라. 다른 문화와 종교를 가진 사람이 증가하면 역시 생활하기 어려워져. 다른 인종끼리 결혼하면 고생이 끊이질 않는다잖아? 공동체도 똑같아"라고 대답했다.

물론 영국 식민지에서 독립을 이룩해낸 미국은 19세기 무렵까지 주민 대부분이 영국 등의 프로테스탄트계였다. 19세기 말 미국이 공업 국가로서 대두하자 동유럽과 남유럽에서 건너온 폴란드계와 유태인계, 이탈리아계 등이 급증했다. 당시 그들을 '신이민자'라고 불렀는데 그 후 중국계와 일본계, 중남미 히스패닉계가 유입되자 그들도 '신이민자'라고 불렀다. 미국은 이른바 신이민자의 유입을 반복해온 다민족 국가이다. 종교도 인종도 언어도 습관도 다르다. 그런 사회 다양화에 위화감을 느끼는 사람도 물론 있다.

나는 과거에 시즈오카 현静岡県 내에서 일본계 브라질인

사회를 1년 반 동안 취재했었는데, 공영 단지 내 브라질인 주민 비율의 증가를 염려하는 사람 중에는 특히 고령자가 많았다. "모르는 언어로 대화한다", "주말에 음악 소리가 시끄럽다", "쓰레기 버리기 규칙을 지키지 않는다"는 생각이 불안과 불만으로 이어졌다. '공생'에는 노력과 시간이 필요하다. 일본이 미국만큼 다양화되면 에드너 같은 위화감을 느끼는 사람도 늘어날 것이다.

공화당을 지지하는 백인 고령자 증가

1960년대 이후 미국에서는 사회 변혁을 추구하는 운동이 왕성해졌다.

인종 차별 철폐를 요구하는 공민권 운동, 1970년대에는 환경 보호와 여성 해방, 소비자 운동 등이 이어졌다. 동성애자의 권리 확대를 요구하는 활동도 활발해졌다.

공립학교에서는 성서를 읽는다. 그와 같은 크리스트교 신앙에 기반을 두는 백인 중심 미국 사회가 당연했던 세대에게는, '백인 마이너리티화'가 예측되기에 이른 현재의 미국이 완전히 다른 사회로 보일 것이다.

퓨리서치센터에 따르면 전체 인구에서 백인이 차지하는 비율이 1965년에는 84%로 압도적 다수파였지만 2015년에는 약 62%로까지 감소했다. 나아가 30년 후인 2045년에는 약 50%로까지 감소할 것으로 예측한다. 트럼프가 "미국을 다시 위대하게!"라고 외칠 때 에드너는 1950년대를 머릿속에 떠올린다. 1960년대 이후의 급속한 사회 변화에 위화감을 느끼는 사람이 많은 것인지도 모르겠다.

백인 고령자 사이에서 공화당 지지자가 급증하고 있다. 전전회 대통령 선거가 있었던 2008년에는 65세 이상 백인 지지자가 공화당 45%, 민주당 44%로 비슷했는데, 2016년에는 공화당 58%, 민주당 37%로 21포인트나 차이가 벌어졌다.

이발소 토론에서는 트럼프를 절찬

프린키의 집에서 나와 도시 중심부로 가보았다. 에드너가 그리워하는 영화관이 있던 거리를 걸어보았다. 그러다

우연히 이발소 앞에서 커다란
비석을 발견했다.

제일 위에 '십계'라고 새겨
져 있었다. '모세의 십계'였다.
들어본 적은 있지만 내용은
잘 모른다.

이발소 앞에 세워져 있던
'모세의 십계' 비석

'주가 유일신이다.'

'부모를 공경한다.'

'살인을 해서는 안 된다.'

'간음을 해서는 안 된다.'

'도둑질을 해서는 안 된다.'

잠시 독해를 시도하고 있는데 갑자기 이발소 문이 열렸
다. "드문 손님이네. 어디에서 왔지?" 초록색 티셔츠에 반
바지 차림을 한 남성이 말을 걸어왔다.

"일본 신문 기자입니다."

"호오, 그것 참 멀리서도 왔네. 십계에 관심이 있나?"

그런 식으로 대화가 시작됐다. 통행인은 거의 없었다. 백인이 93% 이상이고 흑인이 4%인 이 도시에서는 아시아인이 눈에 띈다.

이 남성, 에드 스미스(77)가 여기에 십계 비석이 세워진 경위를 설명해주었다.

"위스콘신주의 여성이 각지에서 소송을 제기해서 공립학교 부지 내의 '십계'를 철거하라며 요구하고 있어. 그래서 지역 주민이 철거된 비석을 사유지로 옮기는 활동을 하고 있지. 이것도 그중 하나야. 도시 여기저기에 있어. 물론 교회 부지에도 있지. 일상생활 속에서 모두가 볼 수 있는 장소에 '십계'가 있으면 좋으니까."

"밖은 더우니까 안으로 들어가 앉으시게"라고 제안해주기에 잠시 들어가기로 했다.

이발소에서는 스미스를 포함한 남성 8명이 '이발소 토론' 중이었다. 모두 백인이었고, 그들 대부분이 백발이었다. 한 명을 제외하고는 전원 70~80살 전후였다.

뭐든지 물어보라기에 "제가 공부가 부족해서 죄송합니다만"이라고 양해를 구하고 십계가 중요한 이유에 대해 물어보았다. 뉴욕 거리에서는 거의 본 적이 없는 것 같다고도 덧붙였다.

　그러자 현재 미국 사회에 대한 불만이 쏟아져 나왔다.

　"젊은 세대가 학교에서 성서를 배우지 않게 되면서부터 근로 의욕이 저하됐어!", "젊은이가 일하지 않는 (납세도 하지 않는) 사회의 프리라이더(무임승차자)가 됐어!", "복지에 의존하는 게 당연시되면서 '달라! 달라!'고만 하면 살아갈 수 있는 사회가 돼버렸어!"

이발소 안에서는 백인 고령자들이 한창 정치토론 중이었다

공통되는 부분은 현재 젊은 세대의 근로 의욕 저하에 대한 한탄이었다. 복지국가란 단어도 부정적인 의미로 사용되고 있었다. 사회에서 도덕이 사라지고 있는 지금, 재차 '모세의 십계'가 명시하는 가르침의 중요성이 재인식되고 있다고 했다.

"젊은 나이에 직장 생활을 하거나 대학에 다니지 않고 맥도널드에서 일하는 젊은이가 있어."

이런 지적도 튀어나왔다. 그들 인식에서 음식점 점원이 하는 일은 '일'에 포함되지 않는 듯했다. 제1장에서 소개한 오하이오주의 전직 철강맨 조도 비슷한 말을 했었다. 조는 "여기에 남아 있는 건 (종합쇼핑몰) 월마트와 K마트로, 딴 나라의 제품을 파는 일뿐이지. 난 현역 시절 마지막의 마지막까지 일급으로 200달러(약 22만 4,000원)는 받았어. 근데 지금 서비스업 종사자는 기껏해야 시급 12달러(약 13,000원)를 받지. 그 돈으로 젊은이가 생활할 수 있을 리 없잖아?"라고 한탄했었다(58쪽 참조). 선진국의 산업 구조가 제조업에서 서비스업으로 전환되고 있다. 현역 세대로서는 수용하기 힘든 비판이라고밖에는 할 수 없다.

미국 연방최고재판소는 1962년과 1963년 재판에서 공립학교에서의 기도와 성서 낭독을 위헌이라고 판결했다. 기도와 성서도 크리스트교에 기반하고 있어 결과적으로 타 종교를 배척하는 것이 되므로 '종교의 자유'를 보장하는 합중국 헌법 수정 제1조에 반한다는 취지였다.

이 시기에 공민권법 등 자유주의적 판결을 잇달아 낸 법정은 수석 판사 얼 워런Earl Warren의 이름을 따서 '워런 코트(법정)'라고 일컬어졌다.

'모세의 십계'를 공립학교에서 철폐하라는 소송도 같은 흐름 선상에서 이루어진 듯했다.

스미스는 '위스콘신주의 여성'이라고 했는데, 조사해보니 확실히 위스콘신주에 거점을 두는 비영리 교육 단체 '종교로부터의 해방 재단Freedom Form Religion Foundation' 관계자가 각지에서 동종의 소송을 제기하고 있었다. '종교와 국가의 분리'를 추진하는 1978년에 설립된 단체로 2만 3,000명 회원의 지지를 받고 있었다.

난 대통령에 대해서도 물어보았다. "이곳 파이에트카운티Fayette County에서 트럼프가 60% 이상을 득표해 압승을 거두었습니다만, 여기에도 트럼프 지지자가 계시나요?"

8명이 서로 얼굴을 마주 보며 웃었다. "그야, 모두지. 여기 있는 전원이 트럼프 지지자라네"라고 스미스가 대답했다. 트럼프 지지자인 것이 당연하다는 듯한 말투였다.

"민주당 후보 힐러리 클린턴이나 현직 오바마 대통령으로는 안 되나요?" 그렇게 질문하자 일제히 반발했다.

"힐러리는 형무소에 처넣어야 해!" 트럼프가 본선에서 반복했던 멘트 그대로였다. 트럼프가 말하지 않아도 집회는 "그녀를 형무소에 넣어라!"라는 지지자들의 외침으로 들끓는다.

차례차례 그들의 마음속 이야기가 튀어나왔다.

"힐러리 남편 빌도 같이 형무소로 보내야 해", "무기징역이 딱이야", "난 미국 대통령이란 입장은 존중하지만, 지금 거기에 앉아 있는 인물(오바마)은 존경할 수 없어", "난 피부색을 문제시하는 게 아니라 그의 정책을 지지하지 않는 걸세", "우린 사회주의자를 원치 않아", "오바마케어(의료보험제도 개혁)에서는 연방정부의 권한을 너무 강화했어",

"중국 같은 (중앙 정부의 권한이 강한) 국가가 되길 원치 않네", "이슬람은 필요 없어."

누가 무슨 말을 했는지 알 수 없기 때문에 이런 취재는 대개 실패한다. 역시 한 명에게 제대로 물어보기로 했다.

트럼프가 "미국을 다시 위대하게!"라고 외칠 때 스미스는 어떤 생각을 할까.

"다른 나라가 미국에 이래라저래라 하는 것에 넌더리가나. 원래는 반대였지. 미국이 다른 나라에 이래라저래라 지시하는 입장이었어. 미국은 그에 합당한 국가였지. 당신들 일본인은 오랜 세월 미국을 우러러봤는데, 이젠 미국이 수준 이하로 떨어져서 만만하게 봐. 트럼프는 미국을 원래 위치로 되돌리겠다고 말하고 있는 거야."

일본을 포함하는 많은 국가가 미국의 전후 생활상을 동경했던 것은 사실이다. 그들은 역시 '유일한 초대국'으로서의 미국을 그리워하는 듯했다. 스미스는 계속해서 말했다.

"과거에는 누구나 미국을 두려워했는데, 지금은 미국을 두려워하지 않아. 트럼프는 이 나라를 경제적·군사적으로 다시 최강으로 만들 거야."

"미국의 쇠퇴는 특히 고용 문제에서 심각해. 해외로 고용과 부가 빠져나가고 있어. 이익을 본 건 일부 국제적 대기업뿐이야. 이건 기분만 불쾌해지는 사실이라 아무도 입에 담지 않았었는데, 트럼프는 자기 생각을 있는 그대로 드러내며 거침없이 지적했어. 그가 제시하는 방향성은 진정으로 옳아."

 "사회 복지에 의지하지 않고 미국인 한 사람 한 사람이 자기가 쓸 돈을 자기가 벌면 미국을 재건할 수 있어. 사회주의적 사고방식을 퍼트리는 정치인을 조심해야 해. 그건 미국이 아니야."

 모두 고개를 끄덕이며 스미스의 이야기를 들었다.

 "트럼프는 참신한 기운이고 숨결이야!"라며 절찬하는 목소리도 나왔다.

 내가 돌아갈 준비를 하자 스미스가 "이제 어디로 가나?"라고 물었다.

 "조금 더 남쪽으로, 켄터키주까지 가보려고요"라고 대답하자 8명이 일제히 웃음을 터트렸다.

"켄터키에 가봐야 산밖에 없어. 아무것도 없다고!", "중요한 건 다 펜실베이니아주에 있네", "이런 작은 도시지만 1930년대 올림픽에 육상 금메달리스트 존 우드러프John Woodruff를 내보냈어!"

인근 주에 대한 라이벌 의식이 있는 듯했다. 고향 자랑은 한동안 끝날 성싶지 않았지만, 코넬스빌을 뒤로 하고 발걸음을 재촉했다.

애팔래치아를 제패한 트럼프

선거가 끝나고 보니 트럼프가 애팔래치아 지방에서 압승을 거두었다. 선거 결과를 반영한 지도를 펼쳐보니 공화당 후보 트럼프가 승리한 주는 빨간색으로, 민주당 후보 클린턴이 승리한 주는 파란색으로 물들어 있었다. 북쪽은 펜실베이니아주에서부터 오하이오주 동부, 웨스트버지니아주, 켄터키주와 테네시주 동부까지 공화당 컬러인 빨간색으로 거의 물들었다.

버지니아주는 주 전체에서는 민주당이 승리했기 때문

에 파란색이다. 하지만 카운티별로 살펴보면 수도 워싱턴에 가까운 도시부는 파란색이지만, 서쪽 절반에 해당하는 애팔래치아 지방은 거의 새빨갛게 물들어 있었다. 도시부에서 강한 민주당과, 애팔래치아 지방을 비롯한 지방에서 강한 공화당의 경향이 선명하게 드러났다.

종합정보서비스대기업 블룸버그Bloomberg의 선거 후 결과 분석이 흥미롭다. 카운티별로 분석하자 트럼프가 백인이 많은 카운티에서 승리를 거둔 것이 분명해졌다. 백인 비율이 적어도 85%인 카운티에서 62%를 득표해 33%를 득표한 클린턴을 따돌렸다. 전회 2012년 대통령 선거 때 오바마는 41%를 득표했었다.

9살에 처음으로 흑인을 보다

이번 장을 끝마치기 전에 언급하고 싶은 부분이 있다. 그것은 바로 인종 차별 문제이다.

애팔래치아 산맥을 취재했을 때 단 한 명, 트럼프가 인기 있는 이유 중 하나에 "잠재적 인종 차별이 있다고 생각한다"고 말해준 고령 남성이 있었다.

반복해 말하지만 애팔래치아 지방 대부분은 백인의 도시다. 백인 비율이 80~90%를 넘는 것이 보통이다. 뉴욕시(약 33%)나 로스앤젤레스시(약 29%)하고는 확연히 다르다. 나도 레스토랑에 들어갔을 때 뉴욕에서는 경험한 적 없는 시선을 느꼈다. 익숙해질 때까지 다소 시간이 걸렸다.

이 남성은 "오바마 대통령은 흑인이고, 이 나라에는 믿을 수 없을 정도의 인종차별주의자가 있기 때문에, 난 줄곧 대통령이 언젠가 암살되는 게 아닐까 하고 걱정했었어. 그가 임기 초반에 아프리카계임을 강조하지 않고 별다른 독자적 색채를 드러내지 않았던 건 암살을 경계했기 때문이라고 생각했을 정도야"라는 말로 이야기를 시작했다.

애팔래치아 지방에서 나고 자란 이 남성이 처음으로 흑인을 본 것은 9살 무렵이었다고 한다. 친구랑 밖에서 놀고 있는데 어딘가에서 온 자동차가 식당 앞에 멈춰섰다. 그 안에 흑인 남성이 백인과 함께 타고 있었다고 했다.

"난 처음에 그의 얼굴이 검어서 석탄 가루가 묻은 탄광 노동자라고 생각했어. 당시 흑인의 악센트를 흉내 내는 라디오 방송이 있어서 이 세상에 흑인이 존재한다는 건 알고 있었지만 본 적은 없었거든. 자동차가 식당 앞에 멈추자 백인은 점내로 들어갔지만 그는 차에 그대로 남아 샌드위치를 먹었어. 난 친구랑 같이 달려가 가까이에서 그를 빤히 쳐다봤어. 그의 손바닥이 분홍색인 것에 놀랐지. 그는 유령 이야기를 해주었고 우리는 이야기에 푹 빠졌어. 친해지자 그가 주머니에서 동전을 꺼내 '가게에서 소다를 사다 주지 않을래?'라고 했고 우리는 사러 달려갔지. 그는 소다를 다 마신 후 남은 크래커를 간식으로 먹으라며 우리에게 나누어 주었어. 내게는 흑인과의 첫 만남이 아주 좋은 기억으로 남았어. 그가 직접 가게에 소다를 사러 가지 않았던 이유를 알게 된 건 몇 년이 지난 다음이야. 당시 흑인은 차별을 받고 있어서 백인 레스토랑에 들어갈 수 없었어. 지역에는 흑인이 한 명도 없었기 때문에 차별의 역사를 제대로 알기까지는 시간이 걸렸지."

애팔래치아 지방에 사는 백인 대부분에게 흑인은 보기 드문 존재였다. 당연히 개인적으로도 교제할 일도 없기 때문에, 특히 고령자는 편견을 갖기 쉽다고 했다.

트럼프는 선거 기간 중 인종뿐 아니라 이슬람교와 여성, 신체장애자 등 자신과 다른 온갖 속성을 지닌 사람을 모욕하는 언동을 반복했다. 공화당 정식 후보를 한 명으로 좁히는 예비선거 기간 중에는 백인지상주의단체 '쿠 클럭스 클랜Ku Klux Klan(KKK)'의 전직 간부로부터 지지 표명을 받은 사실에 대해 CNN 방송에서 사회자가 "지지를 거절할 겁니까?"라고 여러 차례에 걸쳐 질문했지만 "백인지상주의단체에 대해 난 아는 바가 없습니다. 그가 날 지지했는지도 모르고, 무슨 일이 일어나고 있는지도 모릅니다"라며 시치미를 떼는 모습을 보였다.

이러한 대응에 공화당 내 라이벌 후보는 "KKK에 대한 비난을 거부하는 후보자가 어떻게 당세를 확대할 수 있겠는가?"(루비오 상원의원), "대단히 유감스럽다. KKK는 혐오스러운 존재다"(크루즈 상원의원)라며 비판했다. 민주당 측에서도 "가련하다"(클린턴 전 국무장관), "KKK를 비난하길 거절하는 선동자"(샌더스 상원의원)라는 비난의 목소리가 나왔다.

비판을 받고 트럼프는 "이어폰의 질이 나빠 (방송 중에) 질문이 잘 들리지 않았다"는 식으로 변명했다.

이러한 대응은 이 애팔래치아 남성에게는 물론 일반인에게도 충격을 안겨주었다. 보통 정치인이었다면 한 번에 아웃이 될 사태였다. 그럼에도 트럼프의 인기는 식을 줄을 몰랐다.

남성은 이러한 트럼프의 태도는 계산된 것이며 한층 다양화가 진행되고 있는 미국 사회에 위화감을 느끼는 지방의 백인 고령자에게 어필되고 있을 가능성이 있다고 지적했다.

제6장
또 하나의 대선풍

민주당 예비선거 후보자 샌더스의 등장에 환호하는 지지자
(웨스트버지니아주)

트럼프를 대통령 자리까지 밀어 올린 '반기득권층' 감정의 소용돌이는 2016년 대통령 선거에서 또 하나의 대선풍을 일으켰다. 자칭 '민주사회주의자' 상원의원 버니 샌더스(74)의 약진이다.

살짝 등이 굽은 민주당의 '존재감 없는 후보'는 당초에는 만족스러운 자금도 조직도 없었지만, '한 줌의 억만장자가 아니라 모든 사람을 위해 기능하는 경제', '공립대학 수업료 무상화', '최저 임금 시급 15달러', '전 국민 보험' 등의 실현을 공약하며 급속하게 지지자를 확대했다. 특히 젊은층의 열광적인 지지를 모았고 일시적으로 개인 헌금자 수 최고 기록을 세우면서 유력 후보 전 국무장관 클린턴(69)과 접전을 펼쳤다.

2016년 대통령 선거를 상징하는 또 하나의 선풍이다. 본장에서는 샌더스의 공약과 지지자의 생각을 보고하겠다.

5분간의 출마 회견

살짝 등이 굽은 남성이 작게 접은 종이를 손에 들고 성큼성큼 걸어간다. 정장이 좀 크다. 카메라맨과 기자 약 30명이 둘러싼 야외 연설대 앞에 멈춰 서서 5분가량 연설을 했다. 추가로 5분가량 기자와 질의응답을 나누고 다시 되돌아 걸어나갔다.

이것이 2015년 4월 30일 수도 워싱턴에서 이루어진 버몬트주 상원의원 버니 샌더스의 입후보 회견이다. 샌더스가 5분간 호소한 주요 쟁점은 6가지였다.

- 미국인 대부분이 낮은 임금으로 인해 장시간 근무하고 있다. 기술 혁신으로 생산성이 향상되고 있음에도 인플레이션 조정 후 수입은 감소했다. 왜 이렇게 됐는가?
- 상위 1%가 하위 90%와 거의 같은 부를 소유하고 있다. 도덕에 위배될 뿐 아니라 지속 불가능하다. 주요 국가 중에서도 미국은 어린이 빈곤율이 가장 높은 국가로, 이 상태가 지속되어선 안 된다.
- 대부호가 헌금으로 선거전과 후보자를 매수하고 있다.
- 지구 온난화는 최대의 환경 위기다. 미국은 석탄 연료를 지속 가능한 에너지로 전환함으로써 세계의 지도적인 역할을 수

행해야 한다.

- 취직 활동을 포기한 사람과 풀타임으로 근무하고 싶지만 파트타임으로 일하고 있는 사람까지 포함하면 실제 실업률은 5.5%가 아니라 11%이다. 고용 창출이 필요하며, 가장 좋은 방법은 인프라 정비이다.
- 유망한 젊은이가 진학을 포기하고 있다. 공립대학의 수업료를 무상화해야 한다.

　당시 사람들 대부분은 샌더스가 대선풍을 일으킬 거라고 생각지 않았음에 틀림없다. 워싱턴포스트의 표제는 '가망 없는 후보자'였고, 뉴욕타임즈도 '샌더스의 도전은 승산이 낮을 것으로 보인다'고 지적했다.

　그러나 샌더스 본인은 "날 과소평가해선 안 된다. (지금까지 선거에서) 나는 2대 정당제 시스템 밖에서 출마해 민주당과 공화당 후보를 누르고 올라왔다. 거액의 헌금을 받는 후보자에게 도전해왔다. 버몬트주에서 공감을 얻은 (나의) 메시지에 이 나라 전체가 공감할 것이다"라고 AP통신에 말했다. 2대 정당 어느 쪽에도 소속되지 않고 무소속으로 여태껏 당선된 것에 대한 자신감으로 넘쳤다. 본인은 기세등등했다.

지역 신문 편집장의 생각

"동네 할아버지가 정말로 대통령 선거에 나갔어!"

그런 생각을 하며 TV로 샌더스의 출마 회견을 지켜본 사람은 버몬트주 벌링턴Burlington의 지역 신문사 '벌링턴 프리플레스Burlington Free Press' 편집장 아키 소가(58)였다. 초등학교 1학년 때 가족과 함께 미국으로 건너온 일본계 미국인이다. 지역 신문사에서 25년간 근무한 최고참으로 샌더스와 교제한 기간도 길다.

샌더스 사무소는 신문사에서 도보로 5분 거리에 위치한다.

"내가 경제 담당 기자였던 시절, 곧잘 불려갔었어요. 본인이 직접 전화해서 '잠깐 와줄 수 있어?'라고 했죠. 그럼 '또요?'라며 갔었죠."

그럼 샌더스는 "왜 ○○를 기사화 안 해?", "○○에 관심

샌더스의 오래된 벗. '벌링턴프리플레스'의 아키 소가 편집장

이 있다면, 이런 얘기도 있는데!"라며 혼자서 떠들었다. 나중에 가선 소가의 서명 기사를 꺼내 "왜 이렇게 쓰지 않았지?", "이왕 여기까지 쓸 거면 ○○에 대해 더 다루었어도 좋지 않았을까?"라며 질문 공격을 퍼부었다. "뭐 클레임(항의)이 아니라 서제스천(제안)하는 느낌이죠. 당사자도 악의는 당연히 없었고요."

샌더스는 1980년대에 인구 4만 명이 넘는 벌링턴에서 8년간 시장을 역임하고 연방하원의원으로 16년간 일한 후 연방상원의원이 됐다.

"처음에 시장으로 당선되기까지는 줄창 낙선했었어요. 그런데 한번 당선되자 궤도에 올랐죠. 어느새 연방상원의원이 되어 있더라고요. 근데 설마 그 기세로 대통령 선거에까지 나갈 줄은 생각지도 못했어요. 뭐 솔직히 말해 후보자로 나간 게 아니라 좌우간 하고 싶은 말이 많은 양반이니까 그걸 표현하고 싶어 입후보했으려니 했어요."

대통령 선거는 먼저 각 당의 정식 후보를 한 명으로 좁히는 예비선거 및 당원집회에서부터 시작된다. 이른바 당내 레이스이다. 민주당 초전은 2016년 2월 1일에 있었던 아이오와주 당원집회였다.

"우리는 대통령 선거 보도로서가 아니라 동네 할아버지가 예비선거 후보가 됐다는 형식으로 취재를 시작했어요. 기자를 출장 보내면 잔업 수당을 줘야 해서 저를 포함해 편집자 3명이서 아이오와주에 갔어요."

소가는 취재를 하고 놀랐다. 아이오와주는 인근 주도 아니다. 2,000킬로미터나 떨어진 도시에서 샌더스가 인기몰이를 하고 있었다. 특히 젊은 세대가 눈에 띄었다. "설마 이렇게 멀리 떨어진 다른 주 사람들에게까지 지지받고 있을 줄은 몰랐어요. 그도 그렇고 어째서 70살 넘은 할아버지의 호소에 이렇게 많은 젊은이가 열광하는 걸까 하는 생각도 들었어요."

아이오와주에서는 대접전이 벌어졌다. 득표 결과에 따라 후보자가 획득한 '일반대의원'은 클린턴이 23명, 샌더스가 21명이었다. 득표율도 클린턴이 49.86%, 샌더스가 49.57%로 거의 같았다. 유력 후보와 호각으로 승부를 겨루는 모습을 보였다.

소가를 비롯한 편집자 3명은 취재 경비를 절약하기 위해 아이오와주에서는 그중 한 편집자의 부모님 댁에서 숙박했다. 다음 날에는 벌링턴으로 돌아갈 예정이었는데, 샌더스 진영에서 진영기에 태워줄 테니 제2차전이 있는 뉴햄프셔주까지 함께 가자는 연락이 왔다. 지역 신문사로서 거절할 순 없었다.

그러자 뉴햄프셔주에서는 샌더스가 60% 이상을 득표해 클린턴(약 38%)을 상대로 압승을 거두었다. 이는 전미를 놀라게 했고 각 미디어의 헤드라인이 됐다.

"아이오와주에서 대패하고 선거전이 끝날 줄 알았는데 그 클린턴을 상대로 예상 밖으로 대접전을 펼치더라고요. 하물며 그다음 뉴햄프셔주에서는 압승을 했어요. 우리 3명이서 '정말이야? 어? 어?' 했다니까요. 정말이지, 하여튼 놀랐어요. 그 후 한동안은 신나서 어쩔 줄을 모르겠더라고요. 동네 할아버지가 다른 주에서 승리했으니까요. 신문을 만들면서 그렇게 즐거웠던 적이 없어요."

예산이 다 떨어져서 동행 취재는 뉴햄프셔주에서 끝났지만 그 후로도 지역에서 지속적으로 기사를 썼다. "아무리 잘 풀리더라도 하워드 딘Howard Brush Dean III은 뛰어넘지 못할 거라고 생각했어요. 설마 선거전에서 끝까지 살아남을 줄이야. 상상을 뛰어넘었어요."

하워드 딘은 2004년 대통령 선거에 나왔던 버몬트 지역 주지사(당시)다. 막 개전한 이라크 전쟁에 반대하는 입장을 취해 당초에는 인기가 많았으나 막상 예비선거가 시작되자 아이오와주 초전에서 예상을 깨고 3위로 추락했다. 위스콘신주 등에서도 라이벌 후보 존 케리John Forbes Kerry(전 국무장관) 등에게 밀려 사퇴했다.

늘 심기가 불편한 할아버지

샌더스는 어떤 사람일까. 내가 "맥주를 같이 마시러 가고 싶은 타입인가요?"라고 묻자, 소가는 쓴웃음을 지으며 "아니오. 그렇지 않아요!"라고 부정했다.

"평범하게 대화를 나누려고 해도 뭔가 강의를 듣고 있는 듯한 기분이 들어요. 늘 심기가 불편한 할아버지란 인상이죠. 지역 사람들에게 정치인으로서는 지지받고 있지만, 그렇다고 사랑까지 받고 있는 건 아니에요"라고 했다.

소가의 설명은 흥미로웠다. 나도 버몬트주는 처음 방문하는지라 무척 공부가 됐다.

"버몬트는 미국 중에서도 특이한 주예요. 1960년대 · 1970년대의 히피 문화가 아직 남아 있어요. 주법 규제로 고속도로 양옆에 간판을 설치하는 걸 금하고 있어요. 뉴욕에서는 당연한 간판이 여기에는 전혀 없어요. 건강식에 대한 관심이 높고, 농업도 활발하게 이루어지고 있으며, 치즈와 아이스크림도 집에서 직접 만들어요. 요즘은 수제 맥주도 인기예요. 그래서 _(민주)사회주의자라고 자칭하며 어느 정당에도 소속되길 원치 않는 특이한 사람을 주 대표로 삼은 걸 자랑스럽게 생각해요. 특이한 주에서 특이한 할아버지를 지지하는 셈이죠."

마지막으로 사람들이 왜 지금 샌더스를 지지한다고 생각하느냐고 물었다.

"트럼프가 인기 있는 이유랑 마찬가지로 다들 여러 가지로 불만이 있는 거겠죠. 경제적으로 보면 미국의 상황은 괜찮은데 불만이 번지고 있어요. 지금까지하고 확연하게 다른 것 중 하나는 인터넷의 영향력이에요. 옛날에는 많은 사람이 TV로 똑같은 정보를 획득했지만 요즘은 점점 자신이 좋아하는 정보만 선택적으로 보고 있어요. 따라서 자신과 같은 생각을 가진 사람하고밖에는 이야기하지 않게 됐고, 그러다 보니 불만을 가진 사람들끼리 점점 연결되는 거죠. 그런 변화가 느껴져요."

결국 샌더스는 전미 50주 가운데 22주에서 승리했다. 마지막으로 클린턴에게 지지 표명을 했고 본선 때도 공화당 후보 트럼프에 대항하기 위해 클린턴을 응원하는 유세를 하며 각지를 돌았다.

소가는 2016년 8월, 지역에서 샌더스와 30분가량 이야기를 나누었다. 민주당 전당대회에서 클린턴이 정식 후보로 지명되어 예비선거전이 끝난 후였다.

샌더스는 이미 다음과 같은 생각을 하고 있었다고 한다.

"버몬트를 위해 대통령 선거에서 배운 걸 살리고 싶다고 하더라고요. 또 상원의원으로서 위원회 위원장직을 2개 정도 하고 싶다고도 했고, 민주당 요직에도 취임하고 싶다고 했어요."

가망 없는 후보

공화당 취재를 담당했던 내가 처음으로 경험한 샌더스 집회는 2016년 1월 31일 아이오와주에서 개최된 집회였다. 개시 시각에 맞춰 회장에 도착하자 스태프가 "보도석은 만원입니다. 안전을 위해 정원 이상은 입장을 허락할수 없습니다"라며 제지했다.

그러면 일반석에라도 들어가야겠다고 생각했지만 그것

도 역시 제지당했다. 마찬가지로 회장에 들어가지 못한 이탈리아인 기자도 눈이 휘둥그레졌다. "샌더스는 '가망 없는 후보' 아니었나?"

유리 너머로 집회를 바라보았다. 진동으로 유리창이 흔들렸다. 샌더스를 부르는 외침이 새어 나왔다. "정치 혁명입니다!"

내가 샌더스의 집회 취재를 하는 것은 이날로 세 번째였다. 솔직히 말해 공화당 후보 마르코 루비오 상원의원과 테드 크루즈 상원의원의 집회가 끝난 후에도 시간이 될 것 같아 겸사겸사 갔던 것이다.

그런데 관중의 규모와 열기는 비교가 안 될 만큼 샌더스의 집회가 압도적이었다. 호텔로 돌아온 후 동료도 다음과 같이 말하며 놀라워했다. "이거, 샌더스가 생각했던 것 이상으로 많은 지지를 받을 것 같은데?"

결과는 그 말 그대로였다. 전국적으로 이름이 알려져 있지 않던 샌더스가 입후보 표명을 한 지 불과 9개월 만에 국무장관까지 역임한 유력 후보 클린턴과 호각으로 승부를 겨루는 모습을 보였다.

샌더스의 오랜 고향 친구 중 한 명은 "샌더스의 연설은 옛날하고 내용이 거의 변하지 않았어. 그가 시대에 맞추었다기보다 그의 메시지에 많은 사람이 공명하는 시대가 된 거겠지"라고 말했다.

샌더스의 주장에 공명하는 시대란 어떤 시대일까. 지지자의 목소리에 귀를 기울여보았다.

지지자의 목소리

아이오와주에서 했던 경험을 바탕으로 난 샌더스 지지자를 취재하기 시작했다. 2016년 대통령 선거 때 불거진 "반기득권층" 물결과 중류 계급의 위기감을 전달하기에 트럼프 지지자만으로는 불충분하다고 판단했기 때문이다.

샌더스 지지자의 구체적인 목소리를 소개하고 싶다.

제2차전이 됐던 뉴햄프셔주의 민주당 예비선거 투표일 전날인 2월 8일에는 공교롭게도 폭설이 내렸지만 샌더스 집회 회장인 대학 강당은 지지자로 가득 차 있었다. 동행 취재를 해준 도쿄대학 교수 구보 후미아키와 인터뷰를 실

집회에서 연설 중인 버니 샌더스

시했다.

70대 부모와 딸(15)과 함께 3세대로 참석한 케리 코너즈 (48)는 현재 생활에 대한 불안을 봇물 터지듯 쏟아냈다.

샌더스가 "주 40시간 일하는 사람이 가난해져선 안 됩니 다!"라고 하는 걸 듣고 '아! 이 사람이다! 이 사람을 응원하 자!'고 생각했어요. 힐러리는 오바마 정권을 계승하는 것밖 에는 안 될 테니까. 오바마에게 (2008년과 2012년에) 2번이나 투 표한 제가 이런 식으로 말하는 건 이상하지만, 힐러리는 기 득권층이기 때문에 변화를 바라지 않아요. 오바마를 일반

론으로서는 지지하지만, 현재 미국에는 '변화'가 필요해요.

미국에는 터무니없을 정도로 유복한 사람들이 있어요. 그런데도 세금을 거의 내지 않는 부유층이 있다는 게 사실인가요? 만약 내가 부유층이라면 제대로 납세해서 사회에 공헌할 텐데. 지금 사회는 균형이 맞지 않아요. 불공평이 너무나도 당연시되고 있어요.

사실 오바마케어(의료보험제도 개혁)를 부담하기 힘들어요. 보험 구조는 복잡해서 잘 모르겠지만, 제 삶에 나타나고 있는 영향은 제가 잘 알아요. 생각했던 것보다 오바마케어는 부담액이 커요. 오바마케어가 도입되기 전으로 돌아갔으면 좋겠어요. 우리에게 일정한 선택지(오바마케어에 가입할 것인가 말 것인가)가 있어야 한다고 생각해요. 모두가 사회 보험에 가입해야 한다고도 생각했었지만, 정말이지 부담이 너무 커요. 지금 전 건강하기 때문에 보험을 필요로 하지 않아요. 그런데도 비싼 비용을 부담하지 않으면 안 돼요.

현재 미국은 물가가 너무 비싸요. 서비스도 비싸고 음료수도 비싸고 뭐든지 비싸요. 월말에 돈이 남지를 않아요. 성실하게 일하는데도 일상생활조차 유지하기 힘들어요.

벌써 3년째 장기 휴가를 얻어 가족 여행을 가지도 못하고 있어요. 옛날에는 1년에 1번 일주일가량 태양 가까이로 갔어요. (남쪽의) 따뜻한 지역으로. 이곳 뉴햄프셔는 춥잖아요? 조금씩 돈을 모았었어요. 근데 그게 어려워졌어요. 빵 가격도 올랐어요. 식료품이 비싸지고 있는 지경이에요. 요즘 가격이 내린 건 가스요금 정도예요. 근데 이게 원래대로 돌아가면 어떻게 될까요?

옆에서 이야기를 듣던 케리 어머니가 "옛날에는 장기여행을 가곤 했었는데"라며 그리운 듯 중얼거렸다. 케리는 그 한마디에 마음이 아픈 듯했다. 케리는 말을 이었다.

제가 벌 수 있는 돈으로는 이제 생활을 유지할 수 없는 거겠죠. 비용이 너무 많이 들거든요. 예전이랑 똑같이 버는데도 이제는 생활을 유지할 수 없어요. 일하는데도 수중에 돈이 남질 않아요. 지출로 다 나가버려요. 그러니까 가족여행도 갈 수가 없죠. 부모님을 모시고 가족 여행을 가고 싶어요. 부모님 두 분 다 가족 여행을 좋아하시거든요.

생활 수준도 (전전회 대통령 선거가 있었던) 7~8년 전에 비해 좋아지질 않았어요. 제 소유였던 집을 처분하고 지금은 저렴한 공동 주택에 살고 있어요. 근면하게 일하는데 돈이 수중에 남지 않고, 가족 여행도 못 가요. 우리는 더 이상 중류 계급이 아니에요. 제가 생각하는 중류 계급은 보통 사람이에요. 주 40시간 일해 자신의 삶을 유지하고 올바르게 살고자 노력하며 사회 속에서 살아가는 것. 근데 그게 지금 사라지기 직전이에요. 20~30년 전에 비해 지금은 더 많은 돈을 벌어야 중류로서 살 수 있어요. 중류 계급은 조금씩 더 유복해져야 한다고 생각했어요. 하지만 현실은 그렇지가 않아요. 중류 계급은 지금 고통받고 있어요.

구보가 물었다. "'자녀 세대는 부모 세대보다 더 유복해질 수 있다'는 아메리칸 드림은 어떻게 됐나요?"
케리는 고개를 가로저으며 즉시 대답했다.

아메리칸 드림을 실현하기 정말로 어려워졌어요. 이젠 집을 못 사요. 장기 휴가를 얻어 가족 여행을 갈 수도 없어요. 이제 아메리칸 드림 같은 건 무리예요. 물론 딸이 저보다 유복한 삶을 살기 바라요. 근데 어려워요. 요즘 딸이 "장래에 치과 의사가 되고 싶어!"라고 말하기 시작했어요. 근데 비용이 많이 들거든요. 우리 집에는 그만한 학비를 낼 여유가 없어요. 딸은 이제 꿈을 좇아선 안 돼요. 딸한테 설명해줄 생각이에요. "치과 의사가 되기 위해서는 좋은 대학에 가야 해. 그러기 위해서는 지금부터 성적을 잘 받아야하고, 또 비용도 많이 들어. 한마디로 장학금을 받아야만해. 왜냐하면 엄마는 학비를 내줄 여유가 없거든"이라고. 딸이 꿈을 좇으면 언젠가는 좌절하게 될 거예요. 엄마로서는 그런 딸의 모습이 보고 싶지 않아요. 딸이 지쳐버릴 테니까.

가족이 모두 샌더스를 지지한다고 했다. 마지막으로 케리의 아버지 테렌스 스위니(74)가 취재에 응해주었다.

전 아일랜드계 이민자의 마지막 후예예요. 우리 때는 시대가 좋았어요. 아일랜드 출신인 제 조부모에게는 자식이

3명 있었어요. 조부는 급료가 높은 곳에서 일하지는 않았지만, 그래도 집이 있었고 자동차가 있었어요. 제 어머니는 (전업주부로서) 집안 살림을 하며 가족을 돌볼 수 있었어요. 근데 그런 시대는 끝났어요. 미국에서 그런 중류의 삶은 얼마 전에 끝났어요. 지금은 부모가 맞벌이하는 게 당연해요. 혼자서는 충분히 벌 수 없으니까요. 저랑 아내는 둘 다 퇴직했고 지금은 사회보험(연금)에 의지하며 살고 있어요. 이제 2년 차인데, 급부금은 늘지 않는데 생활비는 더 많이 나가요. 퇴직한 사람들이 곤경에 빠졌어요. 전 기술자였어요. 일본 나라奈良에 있는 샤프Sharp 공장에도 갔던 적이 있어요. 마지막에는 정보 산업 분야에서 일했는데, 경력을 잘 쌓아 돈을 잘 벌었어요. 전에는 중류 계급이었지만 지금은 중中의 하下가 됐어요. 머지않아 더 낮아지겠죠. 각오하고 있어요. 이 변화는 서서히 시작됐고 더욱 현저해지고 있어요. 제 느낌에 중간은 점점 감소하고 위쪽과 아래쪽은 점점 증가하는 것 같아요. 지금은 중류 계급이라고 했을 때 떠오르는 사람이 없어요. 제 주변에는 없어요.

일련의 대화를 케리의 딸도 고개를 숙인 채 듣고 있었다.

21세기의 프랭클린 루즈벨트

웨스트버지니아주 예비선거(5월 10일 실시)에서도 샌더스는
강세를 보였다. 과반수의 지지를 얻어 클린턴(약 36%)을 따
돌렸다. 이른바 '샌더스 왕국'이었다.

웨스트버지니아주 헌팅턴Huntington에서 4월 26일에 개
최됐던 샌더스 집회는 대성황을 이루었다.

시작 2시간 전부터 줄 서서 기다리던 용접공 앨런 로버
트슨(25)은 흥미로운 시점을 제시했다. "버니는 언제나 역
사의 올바른 편에 서 있었다고 생각해. 1960년대에는 마
틴 루터 킹Martin Luther King Jr 목사와 함께 공민권 운동을 펼
쳤고, 이라크 전쟁에도 반대했고, 금융기관의 비대화에도
반대했어. 그는 노동자 편이지만, 반면 힐러리는 거물급
유력자 편이야. 그녀는 은행 돈이든, 월가 돈이든, 뭐든
받아. 똑같은 정당이라고 생각할 수 없을 만큼 달라."

"버니는 21세기의 프랭클린 루즈벨트!"라고 말하는
용접공 앨런 로버트슨(왼쪽)

"힐러리는 거물급 유력자 편이야!"라는 이 인식은 이번 선거전에서 놀랄 정도로 널리 퍼져 끝까지 클린턴의 발목을 잡았다. '현상유지파'라는 이미지가 정착돼 결과적으로 트럼프가 이득을 봤다. 앨런은 이렇게 말한다.

"버니는 21세기의 프랭클린 루즈벨트Franklin Delano Roosevelt야. 지금 미국은 빈부 격차가 너무 심해서 우리 세대는 아버지 세대처럼 살 수 없어. 열심히 일해도 내 집을 짓고 자녀에게 필요한 교육 기회를 마련해줄 수 있는 중류 계급의 삶은 기대할 수 없어. 그때 그 시대랑 비슷하지 않을까? 격차 조정을 호소하고 기업 헌금을 받지 않는 버니가 좋아."

루즈벨트는 1933년부터 1945년까지 미국을 통솔한 제32대 대통령(민주당)이다. 1929년 10월, 월가의 주가 폭락이 방아쇠가 되어 미국 사회는 대불황에 빠졌다. 기업은 도산했고 공장은 폐쇄됐으며 거리는 실업자로 넘쳐났다. 대공황 후인 1932년에 루즈벨트는 당선됐고 취임 후 '뉴딜 정책'이라는 일련의 개혁을 실시했다. 실업자를 구제하기 위해 대규모 공공사업과 농업 보호 정책, 노동자의 단결권·단체교섭권·파업권 보장(전국노동관련법=와그너법) 등 연방정부의 개입으로 위기를 극복하고자 했다. '복지 국가'로 나아가기 위한 미국의 시책이었다고 하겠다.

이는 대통령 권한의 확대이기도 했다. 새로운 정책을 실시함에 있어서 대통령이 입법 면에서도 주도권을 잡는 '강력한 대통령'의 탄생이었다. 이후 미국에서는 연방정부(중앙 정부)가 사회적 약자를 구제하기 위해 재정 출동을 실시하고 기업 경제 활동에도 일정한 규제를 가하는 '큰 정부'를 지지하는 입장을 '자유주의자liberal'라고 불렀다.

난 앨런에게도 똑같은 질문을 했다. "스스로 중류 계급이라고 생각합니까?"

앨런은 웃으며 부정했다.

"대답은 No. 중류 계급은 거의 다 소멸됐어. 충분한 수입을 얻어 자녀를 양육하고 학교에 보낼 수 없으니까. 웨스트버지니아는 미국에서도 빈곤한 지역이야. 이 도시 사람은 버니하고 트럼프를 좋아해. 내가 생각하는 중류 계급이란 아메리칸 드림을 믿으며 살 수 있는 거야. 유력자와 기업경영자가 부의 태반을 가져가 버리는 사회에서 아메리칸 드림도 멸종되고 있어. 성실하게 일하면 정상적인 삶을 누릴 수 있는 걸 바라는 것뿐인데."

앨런의 아버지 제임스(65)도 취재에 응해주었다. 선거권을 얻은 후 첫 대통령 선거에서 지미 카터James Earl Carter Jr에게 투표한 이래 줄곧 민주당을 지지했지만, "만약 힐러리가 민주당 후보가 되면 제3정당인 녹색당Green Party으로 옮길 거야"라고 했다.

제임스는 "민주당은 보통 미국인 정당이고, 공화당은 부유층 정당이야. 그런데 부유층의 돈이 민주당 후보에게도 흘러들기 시작했어. 그 대표격이 헌금이라면 뭐든지 받는 힐러리야. 부자가 선거와 정치인을 다 매수하고 있어. 힐러리는 쇠락한 애팔래치아 지방의 대표자가 될 수 없어!"라고 잘라 말했다.

로버트슨 부자의 집은 웨스트버지니아주 웨인카운티 Wayne County '산속'에 있다고 했다. 빈곤율이 20%에 달하는 지역이다. 민주당 예비선거에서는 샌더스(득표율 45% 이상)가, 공화당 예비선거에서는 트럼프(득표율 77% 이상)가 승리했다. 아웃사이더 후보 2명이 주류파를 상대로 압승을 거두었다.

나는 예비선거에서 샌더스가 패배한 후 제임스에게 전화를 걸어 추가 취재를 했다. "본선에서 힐러리를 지지할 건가요?"

제임스는 "앨런이랑 나, 둘 다 투표용지에 '버니 샌더스'라고 기재했어"라고 즉시 대답했다. 클린턴에 대한 불신은 그만큼 강했다. 클린턴은 금융대기업 골드만삭스에서 강연 1회에 22만 5,000달러(약 2억 5,000만 원)를 받았다. 제임스는 "강연 기록을 자발적으로 공개하지 않는 한 우리는 힐러리를 신용할 수 없어!"라고 말했다.

앞서 앨런이 "이 도시 사람은 버니하고 트럼프를 좋아해"라고 했는데, 트럼프와 샌더스는 닮은 점이 있다.

2016년 2월 17일 사우스캐롤라이나주 찰스턴Charleston에서 열린 토론회에서 트럼프와 사회자가 나눈 대화의 한 장면을 소개하겠다.

사회자가 "지금부터 어느 후보자에 대해 설명할 테니 누구인지 맞춰보세요"라고 제안했다.

"평론가는 그 후보자를 '정계의 아웃사이더'라고 부릅니다. 그는 유권자의 분노를 이용하여 대중영합적인 메시지를 발신하고 있습니다. 그는 또 국민 모두가 건강보험에 가입해야 하며, 헤지펀드 매니저와 같은 고소득자는 많은 세금을 내야 마땅하다고 생각합니다. 그의 선거 활동에는 몇천 명이나 되는 사람이 참가했으며, 지금까지 정치에 무관심했던 사람까지도 끌어들이고 있습니다. 또 그는 슈퍼팩Super PAC(정치자금관리단체)에 의지하지 않습니다. 누구라고 생각하세요?"

이 물음에 트럼프는 "슈퍼팩뿐 아니라 특정 이익 단체 및 자금 제공자한테도 의지하지 않는 사람이죠. 그건 나, 도널드 트럼프입니다!"라고 자신만만하게 대답했지만 사실 사회자가 묘사한 사람은 샌더스였다.

샌더스 선풍이 흥미로운 이유는 사회주의가 거의 지지 받았던 적이 없는 미국에서 자칭 '민주사회주의자' 후보가 선전을 했기 때문이다.

왜 미국에서는 사회주의가 지지를 받지 못하는가. 독일 사회학자 베르너 좀바르트Werner Sombart는 1906년 저서에서 미국 노동자는 사회주의에 빠지기에는 너무 유복하다며 이하와 같이 지적했다.

'이번에 말할 내용은 틀림없는 사실이다. 미국 노동자는 안락한 환경에서 살고 있다. 대체로 그들은 압도적으로 열악한 주거 환경이란 것과 인연이 없다', '남성은 신사처럼, 여성은 숙녀처럼 단정하게 차려입기 때문에 자신과 지배계급 간의 간격을 외관상으로는 알아차리지 못한다.'

'이와 같은 상황에서는, 특히 쾌적한 생활 수준이 영구히 지속되리라고 명확히 보장되고, 또 오늘에 이르기까지 이 생활 수준이 변하지 않을 거라고 확신해왔다면, "기존의 사회 질서"에 대한 불만이 노동자의 마음에 깃들지 않는다 해도 전혀 신기할 것이 없다.'

그리고 좀바르트는 그 유명한 결론을 도출한다. '모든 사회주의 이상도 소고기구이와 애플파이 앞에서는 실패로 끝난다(영어 번역본 『Why is there no Socialism in the United States?』, Werner Sombart).'

이 저서가 출판되고 110년이 흐른 2016년, 부유층(좀바르트가 말하는 지배 계급)과 서민의 간격이 점점 벌어지고 있는 미국에서는 '중류 계급에서 하류계급으로 떨어질지 모른다'는 불안을 느끼는 사람들이 샌더스를 열광적으로 지지했다. 좀바르트라면 샌더스 현상을 어떻게 평가했을까.

제7장
아메리칸 드림의 종말

트럼프의 제트기를 바라보는 고령자(플로리다주)

대통령 선거 취재를 시작한 2015년 8월 당초에는 다른 사람들과 마찬가지로 공화당 예비선거에서 1위를 독주하는 트럼프를 보며 나도 납득이 가지 않았다. 모욕적인 언동을 아무렇지 않게 반복하는 인물이 왜 인기가 있는 걸까 싶었다.

'트럼프 왕국'에 관한 보고를 종료하기 전에 한 번 더 최초의 물음으로 되돌아가 보겠다.

프롤로그에서 말한 바와 같이 2015년 11월 텍사스주 집회 취재를 계기로 나는 본격적으로 지지자를 인터뷰하기 시작했다. 트럼프가 아니라 트럼프란 괴물을 지지하는, 아니, 지지할 수밖에 없는 현대 미국에 흥미가 생겼다.

끝내고 보니 14주에서 약 150명의 지지자를 인터뷰했다. 본서에서는 그러한 지지자의 생각과 생활상을 보고했다. 미국은 넓다. 기자 한 명이 할 수 있는 일에는 한계가 있다. '트럼프 왕국'은 전미에 펼쳐져 있었으나 뉴욕에 거점을 두는 나는, 비교적 가까운 '러스트벨트'와 '애팔래치아 지방'을 주요 취재 지역으로 삼았다. 지리적 편향이 있으나, 그럼에도 취재했던 사람으로서 최종장에서는 【A】

왜 트럼프인가 하는 의문과 【B】트럼프의 승리가 사회에 던지는 과제에 대해 고찰해보겠다.

【A】왜 트럼프인가?

트럼프가 승리한 이유는 세계화의 진행으로 과거의 특권적이며 예외적이던 지위를 상실한 '미국 사회'에 쌓인 불만 및 불안과, '트럼프 개인의 자질'이란 두 가지로 분류할 수 있다(총 득표수가 클린턴보다 280만 표 이상 적었던 트럼프가 승리할 수 있었던 배경에는, 미국 대통령 선거가 총 득표수가 아닌 선거인단 538명의 득표를 겨루는 간접선거제를 채용하고 있다는 점도 있지만, 룰에 관한 이야기이므로 여기에서는 상세하게 다루지 않겠다).

무너진 아메리칸 드림

'트럼프 왕국' 지지자 사이에서 아메리카 드림은 확실하게 사망한 상태이다.

내가 "아메리칸 드림을 실현할 수 있을 것 같습니까?",

"꿈을 믿습니까?"라고 물으면 많은 트럼프 지지자는 고개를 가로저었다. 쇠퇴한 도시의 바bar에는 "새삼스레 뭔 소리인지", "무의미한 질문을 하는군"이라며 불쾌해하는 노동자까지 있었다. 잔혹한 질문이 돼버린 것이다.

아메리칸 드림이란 본디 무엇일까.

곧잘 인용되는 것이 역사가 제임스 트루슬로우 애덤스James Truslow Adams의 1931년 저서이다. 그는 '누구나 생활이 더 좋아지고 더 풍족해지고 더 충실해지며, 각자가 그 능력 내지 달성에 따라 기회를 얻을 수 있는 토지의 꿈'이라고 정의했다(『미국은 어디로 가는가アメリカはどこへ行くのか』 혼마 나가요本間長世, PHP연구소, 1987년).

그 이전인 19세기에도 그런 이미지는 퍼져 있었다. 가난한 구두닦이 소년이 열심히 일하는 중 우연히도 운이 트여 성공한다는, 동화작가 호레이서 엘저Horatio Alger Jr의 입신출세 이야기 『누더기 딕Ragged Dick』은 당시 수천만 명에게 읽혀졌다. '난 자네의 입신 출신을 바라네. 이 자유로운 나라에서는 젊은 시절의 가난이 출세를 방해하지 않는다는 걸 알고 있겠지?', '나도 그럭저럭 성공을 했어. 하

뉴욕에서 일하고 있는 이민 1세대 택시 운전기사.
"아이를 위해 일하고 있다."

지만 자네만큼 가난했던 시절도 있다네,' 작중에서 주인공 딕에게 사람들이 건네는 수많은 말들이 당시 가난했던 젊은이들을 고무시켰다.

내가 이해하기에 아메리칸 드림은, '출신이 어떻든 성실하게 일하고 절약하며 생활하면 부모 세대보다 풍요로운 삶을 손에 넣을 수 있다', '오늘보다 내일은 삶이 더 좋아질 것이다'라는 꿈이다. 꿈을 믿는 환경(이야기)이 미국에 있었기 때문에 더 나은 삶을 살기 위해 전 세계에서 사람들이 건너왔던 것이다.

아니, 과거형이 아니다. 지금도 이민자와 난민은 저마다 꿈을 믿으며 정신없이 일하고 있다. 최종장을 집필하고 있는 지금도 내 머릿속에는 뉴욕에서 만나는 택시 기사, 자전거로 음식을 배달하는 배달부 등 전 세계에서 이주해온 사람들 모습이 떠오른다.

하지만 러스트벨트에서 아메리칸 드림은 이미 사어死語가 됐다. "아메리칸 드림은 내 부모 세대나 썼던 말이야!", "아니, 조부모 시대의 옛날이야기다!"라고 말한다. 오하이오주 트럼불카운티의 공화당 위원장은 "이 일대에서는 주요 산업의 쇠퇴, 폐업, 해외 이전, 합병 등 모든 일이 다 일어났어. 아메리칸 드림을 실현할 기회는 이제 없다"라고 말했다(제1장 참조).

이 생각은 널리 공유되고 있다. 꿈을 잃은 지역은 활력도 잃는다. 러스트벨트와 애팔래치아에서 약물 중독으로 인한 죽음이 늘고 있다. 꿈의 상실과 무관하지 않을 것이다. 적어도 트럼프 지지자 데이나는 그렇게 생각한다(제3장 참조).

부모보다 유복해질 수 있다는 꿈만 끝난 것이 아니다.

의료 발달 등으로 여타 선진국 사람은 과거에 비해 장수하고 있는데 미국 중년 백인의 수명은 1999년부터 점점 짧아지고 있다. 부모보다 유복해지기는커녕 수명이 줄어들고 있는 셈이다.

부모의 소득을 뛰어넘을 수 있는 미국인은 절반

꿈은 정말로 무너진 걸까. 물론 미국에서도 이에 대한 관심이 높다. 대통령 선거 후 전미 미디어는 일제히 한 연구 결과를 보도했다. 뉴욕타임즈 표제는 「아메리칸 드림, 드디어 수치화」(2016년 12월 8일자)였다. 방대한 세무 기록이 전문가에게 공개됨으로써 '꿈'이 각 시대에 얼마만큼의 확률로 달성됐는지에 관한 조사가 가능해진 것이다.

조사에 따르면 1940년에 태어난 세대가 부모보다 유복해진 비율은 약 92%였다. 꽤 높은 확률로 당시에는 꿈이 실현됐던 셈이다. 하지만 조사가 주목을 모았던 것은 이 확률이 착실하게 저하되는 양상을 보였기 때문이다. 확률은 1950년생이 약 79%, 1960년생이 약 62%, 1970년생이 약 61%, 1980년생이 되자 약 50%로까지 하락했다. 현재 30대 중반 세대 중 부모보다 풍족해질 수 있는 사람은 절반이란 이야기다(물가 조정을 한 후 부모와 자녀의 30살 시점에서의 과세 전 세대 수입을 비교).

더욱 흥미로운 내용은 사회적 지위 상승에 관한 지역별 비교였다. 1980년대 전미에서 태어난 사람 중 부모의 소득은 하위 20%였는데 본인의 소득은 상위 20%가 된 사람의 비율을 지역별로 분석한 결과, 남부와 러스트벨트가 낮은 것으로 밝혀졌다. AP통신은 '계층간 상승(의 확률)은 미시간주과 인디아나주 등 러스트벨트에서 낮게 나타났다. 모두 트럼프의 승리를 뒷받침했던 주이다'라고 보도했다.

더 이상 중류 계급이 아니다

'아메리칸 드림은 죽었다'는 생각보다 더 만연한 것은 '난 더 이상 중류 계급이 아니다', '중류에서 빈곤층으로 떨어질 것 같다'는 한탄이다. 지역을 불문하고 많은 트럼프 지지자가 그렇게 말했다. 이는 샌더스 지지자의 불안과도 겹쳐진다.

1년에 1번 직장에서 장기휴가를 받아 가족과 함께 멀리 여행을 간다. 이것이 많은 미국인에게 있어서 중류 계급의 삶을 상징하는 것이었는데, "부모와 아이와 함께 휴가를 갈 수 없다"는 목소리를 각지에서 들었다. 스스로 중류 계급이라고 여기며 살아온 사람으로서는 직시하고 싶지 않은 현실일 것이다. 어른이 된 자신으로서는 어린 시절 당연하게 누렸던 것을 실현할 수가 없다. 그런 현실에 직면한 것이다.

'미국에서는 두터운 중류 계급이 소비와 생산을 뒷받침하고 있다'는 인식이 수정될 때가 임박한 것이다.

조사기관 퓨리서치센터는 2015년 12월에 '미국 중류 계급이 밀리고 있다. 더는 다수파가 아니다. 경제적으로 탈락!'이라는 조사 결과를 발표했다. 미국에서는 1971년부터 2015년에 걸쳐서 중위 소득층 비율이 11포인트 감소했고, 최하위층은 4포인트, 상위층은 7포인트 증가했다. '트럼프 왕국'을 취재하며 중위에서 하위로 떨어졌다는 한탄을 들었는데, 통계상으로는 중위층에서 부유(상위)층으로

(년)	최하위	중하위	중위	중상위	최상위 (%)
2015	20	9	50	12	9
2011	20	9	51	12	8
2001	18	9	54	11	7
1991	18	9	56	12	5
1981	17	9	59	12	3
1971	16	9	61	10	4

(년)	전 세대	하류 세대	중류 세대	상류 세대 (달러)
2013	81,400	9,300	96,500	639,400
2010	82,300	10,500	96,500	595,300
2007	135,700	18,000	158,400	718,000
2001	114,100	19,100	134,200	590,300
1992	80,800	13,800	94,100	338,500
1983	76,600	11,400	94,300	318,100

중위 소득 세대의 비율이 낮아지고 있다
(출처) 모두 퓨리서치센터

의 편입에 성공한 사람도 있음을 알 수 있다. '승자'와 '패

자'가 분명해지고 있는 것이다.

미국 중류 계급은 여러 가지 의미에서 고뇌하고 있다.

벌어지는 격차

잘 알려져 있는 바와 같이 격차의 심화도 심각한 상태이다.

퓨리서치센터는 2014년에 상류, 중류, 하류 소득 세대의 '부'를 비교했다. '부'는 세대가 소유하는 자택과 자동차, 저금 등 자산에서 부채를 뺀 차액이다. 가령 실직하더라도 소유 자동차와 집이 있으면 매각함으로써 일정 기간 궁핍을 피할 수 있으므로 소득만으로 비교하는 것보다 실태를 잘 보여준다. 조사에 따르면 2013년 시점에서 상류 세대와 중류 세대의 중간값은 약 7배 차이가 나고, 상류 세대와 하류 세대의 중간값에 이르러서는 약 70배의 차이가 났다. 양쪽 모두 연방준비제도가 통계를 내기 시작한 이래 30년 만에 나온 최대 격차라고 한다. 격차가 존재할 뿐 아니라 지금도 계속 '확대'가 심화되고 있음을 보여주는 데이터이다.

극히 소수의 대부호가 소유하는 부가 사회 전체에서 점유하는 비율도 주목을 모았다. 캘리포니아대학 버클리캠

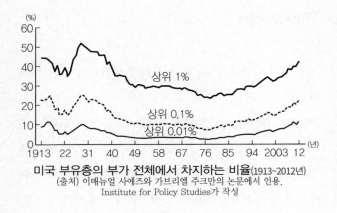

미국 부유층의 부가 전체에서 차지하는 비율(1913~2012년)
(출처) 이매뉴얼 사에즈와 가브리엘 주크만의 논문에서 인용.
Institute for Policy Studies가 작성

퍼스의 이매뉴얼 사에즈Emmanuel Saez와 그의 동료에 따르면, 미국은 20세기 초반에 부의 집중이 심각했었는데 1929년부터 1978년에 걸쳐서 전체에서 상위층 세대의 부가 차지하는 비율이 낮아졌다. 평등화가 진행된 것이다. 그런데 1978년 이후 다시 상승하기 시작해 상위 0.1%가 보유하는 부의 비율은 1978년 7%에서 2012년 22%로 증가했고 1929년에 거의 필적하는 수준으로까지 돌아갔다. 그래프의 후반은 그러한 상승세를 보여준다. 1974년부터 2012년에 걸쳐서 상위 1%의 부의 비율은 전체의 25%

에서 42%로 1.7배 증가했고, 상위 0.01%는 2.5%에서 11.2%로 4.5배 증가했다. 참고로 '상위 0.01%'는 약 1만 6,000세대이다.

당연히 부유층이 보유하는 부의 비율이 줄어들면 다른 층이 소유할 수 있는 몫이 증가한다. 그런 의미에서 트럼프 지지자가 그리워하는 1950년대와 그 뒤를 잇는 1960년대, 1970년대 전반은 미국에서 상대적으로 격차가 축소됐던 시대라고 할 수 있다. 사에즈와 그의 동료는 논문에서 '미국에서 부의 집중은 과거 100년간 "U자형" 추이를 보였다'고 지적한다. 반복해 말하지만 초부유층이 소유하는 부의 비율이 1929년 당시로 돌아가고 있다는 것은 충격적인 조사 결과이다.

상위층이 유례를 찾아볼 수 없을 만큼 윤택한 지금, 하위층은 어떨까. 미국의 빈곤율은 13.5%이다. 주요 선진국 중 최악의 수준이다. 지역별로 살펴보면 '트럼프 왕국'에서는 한층 높게 나타난다. 켄터키주 아이네즈는 40%를, 오하이오주 영스타운은 38%를 넘는다.

알기 쉬운 표적

왜 나는 중류 계급에서 탈락할 상황에 놓이게 됐는가.

그런 의문을 품고 있는 사람들에게 트럼프는 2개의 표적을 제시했다. 하나는 자유 무역이다. 약 17개월간의 선거전 동안 일관되게 공격을 반복했다(제5장 참조).

세계 경제의 활력이 꺾인 가운데 미국의 경기는 회복 추세를 보이며 '단독 승리'란 말을 듣고 있고, 2009년 10월에 10%였던 전미 실업률은 2016년 11월 시점에서 4.6%로까지 떨어졌다. 공격 대상으로 삼고 있는 자유무역협정 FTA은 어떨까. 미국 상무성에 따르면 2009년부터 2015년까지 미국 수출 성장률은 협정을 체결한 나라와의 사이에서는 52%, 그 외의 국가와의 사이에서는 34%인 것으로 나타났다. FTA에는 수출을 촉진하는 효과도 있었던 셈이다.

갤럽의 2016년 조사에 따르면 '해외 무역'을 미국의 성장 '기회'라고 대답한 사람은 조사를 시작한 1992년 이래 최고인 58%에 달했고, 반대로 '위협'이라고 대답한 사람은 34%로 최저 수준(2015년에 33%)을 기록했다. 전체적으로 봤을 때는 무역에 대한 이해가 널리 확산됐다고 할 수 있다.

'자유 무역'이 되면 양상이 조금 달라진다. 퓨리서치센터의 조사에 따르면 2014년에서 2016년에 걸쳐서 자유 무역을 '좋은 것'이라고 응답한 사람은 59%에서 51%로 감소했고, '나쁜 것'이라고 응답한 사람은 30%에서 39%로 증가했다. 선거전에서 트럼프가 목소리를 높여 지속적으로 자유 무역을 비판한 영향인지도 모른다. 그러나 주목하고 싶은 점은 전체적으로 봤을 때는 여전히 자유 무역을 '좋은 것'이라고 응답한 사람(51%)이 '나쁜 것'이라고 응답한 사람(39%)보다 많다는 것이다.

그래도 트럼프는 자유 무역을 의문시하는 사람을 대상으로 철저하게 호소했다. 지지하는 정당별로 살펴보면 '나쁜 것'이라고 응답한 민주당 지지자는 34%, 공화당 지지자는 53%, 트럼프 지지자는 무려 67%였다. 트럼프는 자유 무역의 혜택을 느끼지 못하는 사람에게 지지받았음을 알 수 있다.

또 다른 표적 하나는 불법 이민자(비합법 이민자, 정식 기록이 없는 이민자)였다. 제4장에서 소개한 토마스 위델(187쪽 참조)처럼 불법 이민자에게 일자리를 빼앗겼거나 혹은 임금 단가가 떨어졌다고 느끼는 건설 작업원이 있다. 그러나 1,000만 명이 넘는 불법 이민자를 강제 송환시키겠다는 트럼프의 공약에는 무리가 있다.

"불법 이민자는 세금을 내지 않을 뿐 아니라 복지에 기대어 시스템을 악용합니다!"란 주장도 반드시 옳다고는 할 수 없다. 실제로는 많은 불법 이민자가 소득세와 사회보장세를 납부하고 있다. 1986년 이민관련법령 개정으로 불법 이민자를 고용하는 고용주에 대한 벌칙 규정이 새롭게 마련됐다. 이로 인해 고용주는 노동자에게 출생증명서 및 신분증 제출을 요구하게 됐고, 증명서 위조가 증가했다. 불법 이민자는 위조 서류를 고용주에게 제출하고 나서 근무했고 결과적으로 소득세와 사회보험세를 납부하게 됐다.

싱크탱크 '세금과 경제정책연구소The Institute on Taxation and Economic Policy'의 2016년 2월 보고서에 따르면 불법 이민자의 절반이 소득세를 납부하고 있다. 그들은 또 쇼핑

할 때 지불하는 소비세와 주거에 소요되는 고정자산세를 일반 시민과 마찬가지로 지불하고 있다. 불법 이민자가 납부한 지방세와 주세州稅의 연간 합계는 116억 달러(약 13조 원)에 달하는 것으로 추계된다.

불법 이민자에게는 선거권이 없다. 따라서 뭐라고 비난하든 그들의 표가 달아날 일도 없고 상대 후보에게 흘러 들어갈 염려도 없다. 선거전에서 증오를 결집시킬 표적으로 삼기에는 제격이었다.

하지만 트럼프는 이런 측면에 관해선 언급하지 않고 자유 무역과 불법 이민자에 대한 비판을 미국 사회에 뿌리 깊은 '반기득권층' 및 '반엘리트' 감정과 하나로 섞었다. 집회에서는 "서민이 자유 무역과 불법 이민자 문제로 고통받고 있는데 워싱턴에 있는 정치인들은 방관만 한다!"며 분노를 부채질했다.

트럼프는 자유 무역과 불법 이민을 공격했을 뿐 아니라 "자유무역협정에서 탈퇴하겠다!", "장벽을 만들어 불법 이민자의 유입을 차단하고 국내에 있는 불법 이민자는 강제 송환하겠다!"는 단순한 '해결책'을 제시했다.

하지만 이것이 서민의 삶을 개선하는 데 도움이 될까. 많은 의문이 남는다. 트럼프 지지자도 월마트에서 산 수입산 티셔츠를 입는다. 집에 장식해 놓은 야구 대회 트로피는 중국산이고 노래방 기계는 일본산이다. 트럼프는 무역의 이점에 관해선 말하지 않았는데 해외 수입 상품에 높은 관세를 부과하면 미국의 물가가 상승해 자신을 지지했던 사람도 곤란에 빠지게 될 것이다. 본디 세계무역기구wto 협정에 따르면 가맹국에는 동일한 관세를 매기는 '최혜국 대우'가 원칙이고, 트럼프의 발언을 실행에 옮기면 협정을 위반하는 것이 되므로 상대국이 보복 조치에 나설 가능성이 있다.

미국 국내에 남아 있는 제조업도 지금은 수입산 부품에 많이 의존한다. 제3장에서 로니가 한탄한 바와 같이 펜실베이니아주 피츠버그 교외의 펜스 공장에서는 현재 중국산과 인도산 철을 사용한다. 일찍이 전 세계에 이름을 떨쳤던 제철의 도시 피츠버그 교외에서 그것이 현실로서 펼쳐지고 있다. 자동차와 컴퓨터 등도 마찬가지다.

트럼프의 강점

그러나 트럼프와 같은 주장을 다른 후보자가 펼친다고 똑같이 성공할 수 있는 것은 아니다. 대부호 유명인 트럼프가 말했기 때문에 지지받은 측면이 있기 때문이다.

트럼프가 확실하게 활용한 것은 자신의 자금력이다. 전미 이동 비용을 비롯해 TV 광고 비용 등 대통령 선거를 치루기 위해서는 일본과는 차원이 다른 자금이 필요하다. 많은 후보자는 대부호와 기업 등의 거대 헌금에 의지하지 않을 수 없다.

바로 그 점을 파고들었다. "선거전에서 이익 단체의 후원을 받으면 당선되고 나서 그들의 말을 들어주어야 합니다. 제약회사의 헌금을 받는 ○○(라이벌 후보)가 당선된 후 정말로 약값이 떨어질까요?"라고 의기양양하게 지지자에게 호소했다. 그리고 자신은 부자이므로 그 누구에게도 머리를 숙이지 않아도 된다고 했고, "저는 특정 업계 단체를 위한 대통령이 되지 않을 것이며, 여러분과 같은 평범한 미국인의 이익을 대변할 것입니다!"라고 그럴듯하게 주장했다.

본디 미국에서 유복하다는 것은 가슴을 펴고 자랑할 만한 일이다. 비즈니스 영역에서 '성공'을 거두면 존경의 대상이 된다. 트럼프는 "난 정말로 머리가 좋고, 부자다!"라고 각지의 유세에서 반복해 말했다.

무엇보다 트럼프에게 강점으로 작용한 것은 웃기는 이야기지만 거침없이 폭언하는 거만한 태도를 처음부터 대놓고 드러냈다는 점이다. 잘 알려져 있는 바와 같이 입후보 연설에서 멕시코 이민자를 "(미국에) 마약과 범죄를 갖고 들어오는 강간범!"이라고 불렀다. 그 후에도 이슬람교도 입국 일시 금지 등 폭언을 연발했다. 연방지방재판관이 멕시코계라는 이유로 "내 소송을 담당해선 안 돼!"라고 정색하고 말했을 때는 "미국은 다민족 국가라고!"란 비판을 넘어 황당하다는 의견이 잇따랐다.

난 이들 폭언 중에는 트럼프가 의도적으로 한 것도 있다는 느낌을 받는다. 주요 미디어의 비판을 받음으로써 주목을 한 몸에 받았다. '기득권층' 중 하나로 간주되는 미디어한테 비판을 받아도 트럼프는 곤란할 것이 없다. 오히려 비판의 폭풍 속에서 태연하게 행동함으로써 저항 세력에 대항할 수 있는 개혁자라는 이미지를 만들었던 것이 아닐까. 엘리트와 주류파로부터의 역풍은 그에게 장기 비행을 위한 '부력'과 같은 것이었다.

무엇보다 계속 폭언을 쏟아내자 지지자도 점점 익숙해졌다. "트럼프가 또 이상한 소릴 하는군!"이라며 웃어넘기는 일이 적지 않았다. 물론 미간을 찌푸리는 지지자도 있었지만 그렇다고 '기득권층의 대표자'로 이미지가 정착되어버린 클린턴에게로 지지자가 흘러드는 움직임은 없었다.

트럼프의 행동도 전략적이다. 사람들 앞에서 당황하지 않았다. 스테이지에서는 천천히 걸었다. 어떤 질문을 받든 거만한 태도를 보였다. 지식 없는 분야에 관해서도 마치 잘 알고 있다는 듯한 말투로 말했다. 집회에서는 "난 군 간부보다도 '이슬람국IS'에 대해서 잘 안다!"고 단언했다.

전미가 주목하는 후보자 토론회가 종료되면 기자에게 둘러싸여 취재를 받게 되는데 방송국은 이를 생중계한다. 그래서 대부분 주류파 진영은 '실언'할 것이 두렵기 때문인지 후보자 본인이 아니라 측근을 내보낸다. 하지만 트

럼프는 수많은 기자의 눈앞에 당당히 모습을 드러내고 질
문을 받았다. 주류파 후보자가 실언을 겁내는 가운데 트
럼프는 연일 인터뷰에도 응했다. 이것이 가능했던 배경에
는 오랜 시간 TV에 출연해 즉흥적인 대화에 단련되어 있
었을 뿐 아니라 이제 와서 무슨 말을 하든 실언이 되지 않
는다는 궁극의 리스크 관리 능력이 있었다고 생각한다.

선거전은 고객 서비스?

트럼프는 처음부터 끝까지 개인 제트기를 적극적으로
활용했다. 수많은 지지자를 지방 공항으로 불러 모으고
눈앞의 활주로에 착륙한다. 제트기는 천천히 지지자의 눈
앞에 멈추어 선다. 최대 볼륨으로 음악이 흘러나오는 가
운데 제트기의 문이 천천히 열린다. 이때 회장의 열기
는 최고조에 달한다. 사람들이 트럼프의 이름을 부른다.
USA를 외친다. 흥분 상태가 된 지지자 앞에 트럼프가 손
을 흔들며 천천히 모습을 드러낸다. 때로는 전직 모델인
아내 멜라니아Melania Trump를 동반했다. 연설은 제트기 앞

트럼프가 집회 때 적극적으로 사용했던 제트기

에서 이루어졌다. '트럼프'라고 쓰인 기체가 늘 배경으로 카메라에 잡혔고 그대로 야간 뉴스 방송에 나갔다. 지지자의 상공을 헬기로 선회한 후 내려와서 집회를 시작했던 적도 있다. 구세주가 등장하는 것만 같은 연출이었다. 지지자는 즐거워했다.

준비도 꼼꼼하게 했다. 선거전 종반에 클린턴과 직접 대결하는 토론회가 있었다. 직전에 트럼프 진영은 지지자들을 상대로 앙케트 조사를 했다. 질문 항목은 상세했다. '어떤 주제에 대해서 말하길 원하는가?', '우리 측 정책을 호소하기보다 클린턴을 공격하길 바라는가?', '클린턴을 "부정한 힐러리"라고 부르길 원하는가?', '클린턴에게 메일 문제에 관해 답변하도록 요구하길 원하는가?', '클린턴의 무역 정책을 비판하길 원하는가?' 등 30문항이었다.

지지자가 듣고 싶어 하는 내용을 조사한 다음 정해진 시간 내에 주장을 펼쳤다. '지도자로서 해야 하는 말'보다 '지지자가 듣고 싶어 하는 말'을 하려는 자세의 표출이 아닐까. 마치 고객 서비스 같다.

대통령 선거를 취재하는 기자들의 인식에서 거의 일치했던 것은 트럼프 집회는 클린턴 집회에 비해 지지자의 열기 면에서 앞섰다는 점이다. 트럼프는 그 점을 줄곧 자랑했고 그것은 거짓말이 아니다. 클린턴의 집회는 예능인의 연주와 오바마 등 지지자의 연설로 분위기가 고조됐지만 어딘가 인공적으로 연출된 무대란 분위기가 감돌았다. 좌석이 화려한 만큼 오히려 클린턴 본인의 연설은 박력이 부족해 보였다. 한편 트럼프는 홀로 마이크를 잡고 지지자를 열광시켰다. 특히 인상 깊었던 것은 투표일 직전 일주일간의 라스트 스퍼트였다. 전날까지 하루에 최대 5주에서 유세를 해 동행하는 미국 미디어 담당 기자가 지쳐 나자빠졌을 정도였다. 그럼에도 정작 본인은 목소리도 별로 쉬지 않았고 경이로운 체력을 보였다.

선거란 엘리트의 지지뿐 아니라 보다 많은 사람의 지지를 모으는 경쟁이다. 트럼프는 압도적으로 강한 후보자였다.

【B】트럼프의 승리가 던지는 과제

트럼프의 승리가 사회에 던지는 과제는 무엇인가. 크게 둘로 나누어 고찰하겠다. 첫 번째는 트럼프의 승리는 민주주의의 실패인가 하는 물음이고, 두 번째는 세계화 속에서 선진국 중류 계급의 삶은 추후 어떻게 될 것인가 하는 물음이다. 두 가지 모두 상술해야 하는 중요한 테마이지만 본서에서는 짧게 지적하는 정도로 그치겠다.

미국은 자국의 통치 이념 및 시스템에 자신감을 갖고 있다. 그런데 트럼프가 승리한 후 민주주의를 둘러싼 논의가 왕성해졌다. 대외 관계에서도 민주주의와 자유 옹호를 내세웠고 때로는 해외에서 '민주화'라는 구호 아래 전쟁까지 벌였던 이 나라가 지금 발밑에서 민주주의가 흔들리고 있음에 두려움을 느끼고 있는 듯하다.

「우리는 민주주의의 위기에 직면했는가?」 하버드대학 교수 스티브 레비츠키Steven Levitsky 등이 뉴욕타임즈(2016년 12월 18일자)에서 문제 제기를 했다.

위기의 최대 전조는 반민주주의적 정치인의 탄생이라고 한다. 그러한 정치인을 판별하는 '리트머스 테스트'에는 '①폭력을 명확하게 부정하지 않는 자세, ②정치적 라이벌의 시민적 자유를 제한하는 자세, ③선출된 정부의 정당성을 부정'이라는 3가지 기준이 있다고 한다.

레비츠키는 트럼프를 '양성'이라고 진단했다. 트럼프가 선거전에서 지지자의 폭력을 부추긴 점, 개인 메일 문제로 클린턴 소추를 주장했던 점, 비판적인 미디어에 법적 조치를 취하겠다고 협박한 점, (자신이 패배할 경우) 선거 결과를 받아들이지 않겠다고 했던 점을 이유로 들었다.

민주주의는 시대의 권력자가 반대 세력(당내 라이벌 및 야당)의 존재를 인정하는 것을 대전제로 하는데, 트럼프는 클린턴 소추의 필요성을 집요하게 계속 주장했다. 레비츠키는 미국에서는 권력이 분립되어 있기 때문에 대통령의 행위도 억제와 균형의 대상이 되며, 제도가 폭주에 일정한 제동을 걸어줄 것으로 기대하기는 하나, 막상 전쟁이나 대규모 테러 등이 발생하면 권위적인 경향을 지닌 대통령이 미국 민주주의를 위기에 빠트릴 가능성이 있다고 지적한다. 동시에, '징후는 하나같이 진짜이므로 주의해야 한다'고 경고했다.

국민 투표를 거쳐 유럽연합EU을 탈퇴함으로써 2016년 또 하나의 격진을 일으킨 영국에서는 '서구 민주주의의 종말'을 염려하는 목소리가 높아지고 있다.

영국 케임브리지대학의 정치학자 데이비드 런시만David Runciman에 따르면 미국의 민주주의를 연구해온 정치학자들의 관심이 지금 아프리카와 라틴아메리카로 향하고 있다. 트럼프와 같은 권위주의적 경향이 있는 인물이 선거에서 승리하면 어떤 일이 벌어질지를 연구 중이라고 한다.

런시만의 분석은 다음과 같다. 트럼프 지지자들은 어떤

대통령을 선택하든 미국의 정치 제도가 최악의 사태에서 자신들을 보호해줄 것이라고 과신하고 있으며, 동시에 그 제도를 흔들어줄 것을 트럼프에게 기대한다. 지지자들은 '권위주의적인 이상적인 아버지상'을 연기한 트럼프가 자신들의 삶을 밑바닥으로 떨어트린 수많은 위험으로부터 보호해줄 것으로 착각한다. 트럼프 정권은 대규모적인 인프라 투자 및 기후 변동 대책에 관한 국제 합의 무시, 작은 나라 괴롭히기 등 비교적 실행하기 간단한 것을 하며 연명을 도모하겠지만 진정으로 필요한 개혁(혹인 수감자가 많은 형무소 제도, 백인의 수명 저하 대책 등)은 뒤로 미룰 것이다. 런시만은 태풍이 지나가길 기다리며 웅크리고 앉아 기다리는 사이에 진짜 위기가 닥쳐와 민주주의가 종말을 맞이할 것이라고 경고한다.

이상의 두 가지 논고가 시사하는 위기감은 상당히 심각한 것이다.

적의를 동원한 트럼프

이번에는 트럼프의 행동을 되돌아보며 고찰하겠다.

대통령 선거에서 후보자가 다수파를 형성하는 방법으로는 크게 2가지를 생각할 수 있다. 하나는 이상적인 사회상을 말함으로써 지지자를 모으는 방법이고, 다른 하나는 공통의 '적'을 만들어 적의와 증오를 결집시키는 방법이다. 트럼프는 처음부터 끝까지 (가상의) 적을 만듦으로써 선거전의 열기를 유지했다. 간판 슬로건 '미국을 다시 위대하게!'는 미래지향적으로 보이지만 국력을 저하시켰다고 여기는 기존 정치에 대한 비판이 담겨 있다.

트럼프가 자주 사용한 것은 "멕시코 국경에 장벽을 만들자!", "부정한 힐러리!", "힐러리를 형무소에 처넣어라!", "불쾌한 여자!", "썩은 물을 다 퍼내라!" 등 공격적인 말이었다. 마지막의 '썩은 물'은 워싱턴 정계의 기득권층을 가리키며 일소하자는 뜻이 담겨 있다. 집회에서는 이들 단어로 일체감을 자아냈다.

민주주의는 실패했는가. 이 물음에 한마디로 대답하는

것은 어렵다.

유권자 한 명 한 명의 투표(보통 선거)로 규칙에 따라 사안을 결정한다. 매일 출근하며 내일의 삶을 걱정해온 사람들의 목소리가 주류파 정치인 및 엘리트의 상식을 뒤집었다고 '실패'가 되는 것은 아니다. 오히려 유권자의 목소리가 규칙에 따라 반영된 거라면 민주주의가 제대로 기능한 결과라고도 할 수 있다. 동서고금의 권위주의 및 독재주의 체제에서는 변화를 요구하는 이와 같은 목소리는 탄압을 받았을 것이다.

하지만 잊어선 안 되는 것은 이번 선거에서 권위주의적인 트럼프는 이민자와 난민, 이슬람교도 등에 대한 배제주의적 주장을 반복한 끝에 당선됐다는 점이다. 자유, 민주주의, 다양성의 존중, 언론의 자유, 기회의 평등 등 미국이 중요하게 생각해온 이념에 대해 말하려고 하지 않은 인물이다. 스스로 워싱턴 정치인이 되어 자신이 해왔던 비판을 거꾸로 받게 됐을 때 트럼프는 권력을 어떻게 사용할까. 심히 우려되는 바이다.

트럼프가 당선된 후에도 일반 시민 노조 간부의 이름을

언급하며 반복적으로 비판했다. 이와 같은 태도에는 주의가 필요하다. 자신을 비판한 사람에 대한 이 같은 집요한 공격성은 선거 중 세간의 주목을 모으려는 '연출'이 아니라 트럼프의 '천성'임을 증명해준다고 할 수 있다. 보도에 따르면 이 노조 간부는 살해 협박을 받았다고 한다. 남다른 발언력을 가진 권력자의 자유분방한 발언이 일반 시민의 '언론의 자유'를 위협하는 사태를 초래하고 있다.

언론의 자유의 중요성에 대해 말할 때 "당신의 의견에는 반대하지만, 당신이 그것을 주장할 권리는 목숨을 걸고 지키겠다"는 문구가 자주 인용된다. 트럼프 대통령이 탄생한 지금, 이 말의 무거움에 고개가 끄덕여진다.

소수파 목소리의 행방

트럼프가 얼마나 심각한 문제를 안고 있는 인물인가 하는 것은 본서의 주제가 아니지만, 딱 2가지 점에 대해 언급하겠다.

첫 번째는 2012년 대통령 선거 전에 오바마는 케냐 출생이기 때문에 사실은 대통령이 될 자격이 없다고 주장하는 '버서birther 운동'을 주도했다는 점이다. TV 방송에서 "사람에게는 출생증명서가 있지. 그(오바마)는 없어. 사실은 있을지도 모르겠지만, 거기에 뭐가 쓰여 있을까? 보나 마나 종교겠지. 아마 이슬람교도라고 쓰여 있을걸? 나야 모르지만, 분명 그는 그것이 공표되길 원치 않을 거야"라고 주장했다(2011년 3월 30일, 폭스 뉴스, 디 오레일리 팩터The O'Reilly Factor). 대통령이 흑인인 것이 불만인 사람, 이슬람교도에 편견을 갖고 있는 사람을 의식한 발언일 것이다. 트럼프는 다민족 국가 미국에서 사람들의 잠재적인 차별 의식 및 편견에 호소해온 인물이다.

두 번째는 2015년 11월 24일 선거 집회에서 선천성 관절구축증을 앓고 있는 기자의 동작을 흉내 냈다는 점이다. 초등학생도 하지 않는 짓을 69살(당시)이나 된 사람이 했다(본인은 흉내 냈던 사실을 부정). 마음에 들지 않는 상대를 깎아내리기 위해서라면 뭐든 하는 유치함을 지녔다. 그만큼 비상식적인 인물이다.

동료하고도 곧잘 이야기했었다. 새로운 문제 발언을 할

때마다 "누가 뭐래도 이번에는 인기가 떨어지겠지"라고. 하지만 인기는 떨어지지 않았다. 물의를 일으킬 때마다 TV 뉴스의 헤드라인이 됐고 노출 시간은 길어졌다. 결국 "오늘은 무슨 말을 할까?" 하고 관심이 집중됐고 미국 미디어 보도는 과열됐다. 채널을 어디로 돌리든 저녁때 이후로는 트럼프의 영상이 나오는 상황이 계속됐다. 선거전은 인기 콘텐츠가 됐고 후보자 한 명의 폭언은 확산됐다.

그 후 어떤 일이 벌어졌을까. 혐오 범죄hate crime가 증가했다는 보고가 나왔다. 인종 및 종교 등 소수파가 협박으로 인해 목소리를 낼 수 없게 되면, 논쟁도 할 수 없게 되고, 민주주의는 기능하지 않게 된다.

FBI(미연방조사국)에 보고된 이슬람교도 대상 폭력 사건은 2015년 56건에서 2016년 91건으로 급증해, 동시 다발적 테러가 발생했던 2001년의 93건에 필적하는 규모가 됐다. 혐오 범죄 동향에 전문적인 NGO '남부빈곤법률센터'에 따르면 선거 후 열흘 사이에 특정 인종 및 종교 등 혐오에 바탕을 둔 사건(괴롭힘, 협박)이 867건 발생했다고 한다. 동시에 반이민자 및 미국 사회 내 백인의 복권을 호소하

트럼프 집회에서 죄수복을 입고 장난감 족쇄를 찬 채 "힐러리를 형무소로!"라고 호소하는 공화당 전 대의원

는 '알트라이트Alt-Right 운동'도 활발해지고 있다는 보고이다.

모두 트럼프의 차별 및 모욕적 언동의 영향을 받았음을 부정할 수 없다.

다른 인종, 종교, 출신지 사람이 헌법 아래 모여 어떻게든 공존해온 곳이 미국이다. 원래 분단은 심각했다. 그 단층에는 늘 에너지가 모여 있어 어떤 사건을 계기로 쉽게 증오와 공포심이 되어 분출된다. 선거 기간 중에 트럼프가 선두에 서서 라이벌 후보를 향한 적의를 부채질했고, 집회장에 모인 지지자들 사이에도 적의가 가득 차 있었다. 플로리다주 트럼프 집회에서는 당 대회 투표권을 갖는 대의원까지 역임한 인물이 죄수복을 입고 장난감 족쇄를 차고 '힐러리를 형무소로!'라고 외쳤다. 특히 힐러리 클린턴을 향한 적의는 무시무시할 정도였다. 공화당 전당대회에서도 '힐러리를 형무소로!'라는 대합창이 이루어졌다. 당대회가 적의와 증오로 일체화되는 모습은 정상이 아니었다.

사실을 중시하지 않는 풍조

트럼프는 태연하게 거짓말을 반복하는 등 사실을 중시하지 않는 모습을 보였다. 지도자의 입에서 나온 거짓말이 그의 트위터와 페이스북을 통해 유권자에게 전해졌다. 유권자가 거짓말 및 허위 뉴스, 과장된 이야기에 노출될 때 민주주의는 어려움을 맞게 된다.

2015년 조사에 따르면 미국 성인의 90% 이상이 핸드폰을 갖고 있다. 스마트폰 소유율은 2011년 35%에서 68%로 거의 2배 가까이 증가했으며, 태블릿 PC는 2010년 3%에서 45%로 급증했다. 발신자의 거짓말과 과장이 순식간에 필터 없이 유권자에게 전달되는 시대에 괴물 트럼프가 탄생한 것이다.

트럼프는 선거 제도 및 기존 미디어가 '부정하게 일그러져 있다'고 지속적으로 호소했고 이 주장을 믿는 지지자가 속출했다. 미국 미디어가 트럼프가 발언한 내용의 진위 판단에 힘을 쏟은들 유권자는 애당초 기존 미디어를 신용하지 않고 있었다. 갤럽에 따르면 '미디어를 신용한다'고 응답한 사람은 공화당 지지자가 14%로 과거 최저 수치를 기록했다(민주당 지지자는 51%).

'사실을 중시하지 않는 풍조'가 만연해 있다. 옥스퍼드 영어사전은 2016년을 상징하는 '올해의 단어'로 형용사 '포스트 트루스Post-Truth(탈진실)'를 선정했다. '여론을 형성해, 객관적인 사실이 감정이나 개인적인 신념에 호소하는 것보다 영향력이 떨어지는 상황'이란 의미이다.

이런 경향은 지속될 전망이다. 트럼프는 당선되자마자 대통령 상급고문 겸 수석전략관으로 반주류파의 선봉 스티브 배넌Stephen Kevin Steve Bannon을 기용하기로 결정했다. '음모설'로 물의를 빚었던 보수계 사이트 '브레이트바트 뉴스Breitbart News Network'의 전 회장으로, '미국의 가장 위험한 정치 전문가'라고 불린다. 배넌 본인은 사이트를 '중

도우파 대중주의, 반기득권층'이라고 설명하지만, NGO '남부빈곤법률센터'는 '극우, 인종 차별, 반무슬림, 반이민자 사상을 수용했다'고 지적한다. 이와 같은 인물이 정권의 중핵으로 들어간 것이다.

트럼프는 당선된 후에도 근거 없는 이야기를 확산시키고 있다.

앞서도 언급했지만 미국 대통령 선거는 간접 선거를 채용하고 있어 총 득표수로 승패를 결정하지 않는다. 주별로 할당된 총 538명의 선거인을 승자독식방식(2주는 제외)으로 확보해 과반수 270명 이상을 획득하면 승리하게 된다. 트럼프는 이 선거인 획득 레이스에서는 승리했지만 사실 총 득표수에서는 클린턴보다 286만 표 이상이 적었다.

이것을 참을 수가 없는 듯 트럼프는 "힐러리가 획득한 수백만의 부정 투표를 제하면 (총 득표수도) 내가 더 많다!"(2016년 11월 28일)고 발신했다. 수백만이란 숫자의 근거도 제시하지 않으면서 태연하게 여기저기 퍼트렸다.

이것이 차기 대통령의 태도이다. 사실을 경시하는 풍조가 만연되면 미국 민주주의에 장기적으로 미칠 타격은 실로 막대할 것이다.

인기가 떨어지면 어떻게 될까?

트럼프는 지지자의 기대에 부응할 수 있을까. 부푼 기
대는 쉽게 실망으로 이어진다. 약속대로 제철소와 탄광 산
업을 부활시킬 수 있을까. 제조업으로 대체 몇 명의 고용
을 창출할 수 있을까. 또 대폭적인 감세와 사회보장제도
유지 및 인프라 정비 등 막대한 재원을 필요로 하는 정책
은 상식적으로 생각했을 때 양립이 극히 어렵기 마련이다.

그저 불평만 늘어놓으면 됐던 아웃사이더 시절에는 편
했겠지만, 트럼프 본인이 대통령이 됐으니 성과를 내지
못하면 그 어떤 변명도 할 수가 없다. 지지자의 불만이 커
지면 그때 트럼프는 무엇을 할까. 의도적으로 전대미문의
외교 정책을 내놓음으로써 세간의 관심과 불만을 딴 데로
돌리려고 하지 않을까. 미국이 나름대로 주도하며 쌓아
올린 국제 질서가 희생양이 되지 않길 빈다.

미국은 제2차 세계대전이 종식되기 전부터 전후 질서를

여러모로 구상했다. 경제 면에서는 안정적인 무역 질서를 위해 브레튼우즈체제를 구축했다. 다국간주의를 채택했고, 정치 면에서는 국제연합 설립을 주도했다. 모든 면에서 미국은 초대국으로서 부담을 감수했다.

예를 들어 국력이 떨어졌다는 말을 듣는 오늘날에도 국제연합의 통상 예산에서 미국이 부담하는 비율은 22%이며, 세계 각지에서 펼치는 평화유지활동PKO 예산에서도 28.6%를 부담하고 있다. 하지만 다국간 교섭의 장에서는 미국의 뜻대로 진행되지 않는 일이 반드시 발생한다. 그때 트럼프는 단골 멘트인 '미국제일주의(최우선)'와 '딜(교섭)'을 입에 담으며 거출금의 대대적인 삭감 및 탈퇴의 뜻을 드러내지 않을까. 미국이 주도해온 전후 질서에 스스로 도전하고 국제 사회를 혼란에 빠트리는 것으로 영향력을 과시하지 않을까 걱정이다.

최악의 시나리오는 새로운 전쟁의 발발이 아닐까. 트럼프 극장에서 관객이 질려 "표 값을 환불해달라!"고 외치기 시작하면 국내를 결속시킬 수단으로서 트럼프의 뇌리에 전쟁이란 선택지가 떠오르지는 않을까. 얼마 전까지 선거

전에서 그랬던 것처럼 이번에는 해외에 가상의 적을 만들고 증오와 혐오를 결집시켜 '미국 최우선'을 내걸고 전쟁을 터트리는 것은 아닐까.

세계화에 어떻게 대응할 것인가?

이번에는 '세계화 및 기술 혁신(기계화 등) 속에서 선진국 중류 계급의 삶은 추후 어떻게 될 것인가' 하는 물음에 대해 생각해보겠다. '트럼프 왕국'에서 가장 많이 생각하지 않을 수 없었던 테마이다.

'세계화는 미국화!', '일본은 미국 기업에 유리한 구조에 편입될 것이다'라는 경계심이 존재한다. 외식업은 맥도널드, 식품은 코카콜라, 소매업은 월마트 등 세계적으로 유명한 외국계 자본 기업이 떠오른다.

그런데 그런 글로벌 기업에서 근무하는 미국인은 당연히 지극히 일부이고, 이번 대통령 선거에서는 그 외 많은 사람이 기존의 세계화 노선에 의문을 제기한다. 트럼프는 당 전국대회의 지명 수락 연설에서 "우리가 하고자 하는

330

것은 미국제일주의American First입니다. 범지구주의globalism 가 아니라 미국주의Americanism을 신조로 삼겠습니다!"라 고 선언해 갈채를 받았다.

미국도 일본과 마찬가지로 세계화에 어떻게 대응할 것 인가 하는 문제로 고민해왔다. '승자'로 묘사되는 경우가 많은 미국에도 무수한 '패자'가 존재한다. 세계화는 국가 전체의 이익이 되는 일이라고 생각했는데 아무리 기다려 도 자신들의 생활은 편해지지 않는다. 정신을 차리고 보 니 부유층과 자신들의 격차만 계속 벌어지고 '꿈'을 꿀 수 조차 없게 돼버렸다. 세계화는 일부 미국인에게만 이익이 되는 것이 아닐까. 이 나라는 잘못된 방향으로 나아가고 있다고 생각하는 사람이 전체의 60% 이상을 차지하는 상 황에서 치러진 선거였고, 그중 70% 가까운 지지를 트럼프 가 받았다(부록의 출구조사를 참조).

어느 대통령 후보가 했던 발언을 소개하겠다. 그는 미 간을 찌푸리며 토론회에서 다음과 같이 호소했다.

"북미자유무역협정NAFTA이 잘못됐다는 말은 틀림없는

사실입니다. 힐러리가 작년에 영스타운을 걸었다면 (중략),
미국 노동자에게 공평하지 않은 무역 협정 때문에 경제적
타격을 입은 마을을 직접 목격했을 것입니다."

"전 NAFTA 개정을 시도하기 위해 멕시코 등의 대통령
에게 즉시 전화를 걸었습니다. (중략) 세계화가 언제나 고정
된 승자와 패자를 낳는 것이 문제입니다."

"해외에서 고용 창출하는 기업에 대한 세금 우대 조치
를 중단하고 미국에 투자하는 기업을 우대해야 합니다.
그러면 오하이오주를 성장과 고용과 번영의 길로 다시금
들어서게 할 수 있습니다."

누가 한 발언인지 짐작이 가는가. 많은 독자는 트럼프
의 발언이라고 생각할지 모르나, 사실 2008년 대통령 선
거 당시 오바마가 했던 발언이다. 오바마 옆에서 라이벌
후보 클린턴은 변명하기 급급했다. 남편 빌 대통령 집권
당시 NAFTA가 발효된 것과 본인도 과거에 찬성했던 것
이 발목을 잡았다. 클린턴은 2016년 대통령 선거 때도 예
비선거부터 본선까지 라이벌 후보에게 자유 무역에 대한
입장을 추궁당했다. 트럼프도 약점을 간파하고 전 국무

장관으로서 TPP를 추진하는 입장에 있었던 점까지 동시에 지적했고 클린턴을 자유무역추진파라며 비판했다. 세계화에 어떻게 대응할 것인가는 근래 대통령 선거의 핵심 키워드가 됐다.

내가 러스트벨트 안팎에서 만났던 많은 트럼프 지지자가 '20세기의 미국'을 그리워했다. 문제는 아시아와 라틴아메리카 국가들이 경제적으로 발전해 압도적이었던 미국의 국력이 상대적으로 떨어진 상황하에서 그들의 향수에 부응할 수 있을까 하는 것이다.

블루칼라 노동자를 대변할 수 있을까?

종래형 제조업에 종사하는 노동자를 대변했던 당은 민주당이었다. 그런데 민주당은 1990년대에 빌 클린턴이 정권을 잡은 후 중도를 내세우며 종래의 자유주의(좌파) 노선을 수정했다. 앞서 언급한 바와 같이 오바마도 2008년 선거 기간 중에는 NAFTA에 강한 의문을 제기했지만, 대통령이 된 후에는 새롭게 TPP를 추진했다.

결국 미국에서는 본서에서 자주 등장했던 블루칼라 노동자처럼 '강하게 번영했던 미국의 부활'을 갈망하고 세계화의 희생양이 됐다고 느끼는 층을 대변하는 유력한 정당이 없어졌다. 세계화와 기술 혁신이 진행되고 있는 현대에는 러스트벨트 사람들이 그리워하는 '고졸이라도 돈을 벌 수 있는 제조업의 부활' 같은 건 불가능한 것이 현실이다.

제1장에서도 언급한 바와 같이 미국 제조업 고용자 수는 1990년부터 2016년 사이에 550만 명이 감소했다. 이 모든 것이 자유 무역의 부정적인 영향 때문이라면, 트럼프가 실제로 개별 기업에 압력을 가해 해외 이전 계획을 재고하도록 압박했던 것처럼, 국가 권력의 개입으로 얼마간 고용을 유지할 수 있을지 모른다. 하지만 지속 가능한 방책이 아니다.

미통상대표부USTR 대표 프로먼Michael Froman은 고용 감소 및 임금 상승 정체는 "세계화보다는 자동화 및 기계화automation의 산물이다"(2016년 6월 강연 등)라고 주장했다. 앞으로 더욱 자동화가 진행되면서 노동집약형 고용은 감소 일로를 걷게 될 것이다. 민간 기업이 국제 경쟁력을 추구하지 못하게 하고 기계화 투자를 금지시킬 순 없다.

2016년 대통령 선거는 미국 제조업 생산량이 역사상 최고를 기록하고 고용자 수도 6년 연속으로 상승한 회복기에 치러졌다. 금융 위기(리먼 쇼크) 후 발족한 오바마 정권이 일정한 성과를 낸 셈인데, 정권 말기에 트럼프 선풍이 휘몰아친 것이다.

공화당은 원래 경영자와 부유층 지지자가 많아 자유 무역 노선을 걸었고 국내 정책에서는 '작은 정부'를 원칙으로 삼아왔다. 그런데 이번에는 공화당의 트럼프가 클린턴과 오바마를 자유무역추진파라고 공격하는 '역전'이 벌어졌다. 그 결과 블루칼라 노동자는 민주당을 버리고 트럼프 지지자로 돌아섰다.

트럼프는 종래의 공화당 노선과 어떻게 타협할까. 또 공화당 주류파의 추후 거취에도 관심이 쏠린다. 그들은 예비선거를 통해 트럼프의 인기를 억누르려고 했으나 완패했다. 공화당은 트럼프에게 완전히 장악됐다는 평가도 적지 않다. 트럼프 정권하에서 공화당의 기본 이념이 어떻게 변화할지 기대된다. 한편 블루칼라 노동자의 표심을 잃은 민주당도 세계화 대책을 다시 짜는 것이 급선무일 것이다.

그렇게 생각하면 트럼프 대통령 탄생을 계기로 미국에서 정당 재편이 일어날지도 모르겠다. 세계화란 사람, 자본, 물자, 정보 등 국경을 초월하는 흐름이 가속화되는 것이다. 이는 국내 정책에서 이민 정책과 자유 무역(통상 정책), 다문화주의의 수용 정도 등으로 다루어진다. 정당 재편이 일어난다면 미국이 세계화에 어떻게 대응할 것인지, 얼마만큼 국가를 개방할 것인지에 대한 입장이 그 축이 될 것이다.

진정한 과제는?

본장 마지막으로 현장 한 군데를 더 소개하겠다. 일본을 포함하는 선진국이 공통적으로 안고 있는 과제의 핵심이 있는 곳이라고 생각하기 때문이다. 위스콘신주의 트럼프 집회에서 알게 된 엔지니어와 공장 사장의 이야기이다. 위스콘신주도 러스트벨트에 포함되며 마찬가지로 트

럼프가 오랜만에 공
화당 후보로서 승리
를 거두었다.

2016년 4월 2일 제
지업 등이 발달한 위
스콘신주 워소Wausau
에서 열린 트럼프 집
회는 언제나처럼 시
작 약 3시간 전부터
장사진을 이루었다.
다들 그저 기다리고

제조업의 쇠퇴를 한탄하는
엔지니어 브루스 보아

있을 뿐이었기 때문에 취재하기에는 최적이었다. 차례로
말을 걸었다.

10명가량 취재한 중에 43년 경력의 엔지니어 브루스 보
아(65)가 있었다. 트럼프의 연설을 들으러 온 이유에 대해
다음과 같이 말했다.

"대형 공작 기계 엔지니어로 일해온 나는 이 나라 제조
업의 장래가 걱정이야. 많은 일자리가 해외로 나갔어. 이

도시를 뒷받침해온 제지업도 중국과 스웨덴, 노르웨이 등 북미로 나갔지. NAFTA는 미국 제조업에 마이너스로 작용했어. 해외 제품이 미국으로 '자유롭게' 들어올 뿐 그 반대는 없어. 자유 무역은 전류를 일정한 방향으로만 흘려보내는 작용을 하는 다이오드 같아. 역류 방지 소자라도 숨어있는 게 아닐까 싶을 정도로 그저 일방통행이야. 일본 기자가 관심을 갖는 이유도 이해가 돼. 일본도 마찬가지로 임금이 낮은 해외 국가하고 경쟁해야 하는 상황에 놓여 있으니까."

여기까지는 여타 트럼프 지지자의 이야기와 비슷했지만 이다음부터는 달랐다.

"공장이 줄면 엔지니어는 경험을 쌓을 수가 없어. 젊은 세대는 우리 세대 같은 엔지니어가 못 될까 봐 걱정이야", "난 공작 기계 구입 담당자라서 선진국 공장을 시찰하러 다녀. 근데 가보면 일본 공장에서는 일본제를 쓰고, 독일에서는 독일제 기계를 쓰는데, 이 나라 공장에는 미국제 대형 기계는 없고 거의 해외제야."

"2년에 1번 시카고에서 개최되는 '국제 제조 기술 박람

회'를 매번 관람하러 가. 젊은 시절에는 미국제 기계가 대부분이고 영국제랑 독일제는 조금이었어. 근데 최근에는 일본제와 독일제를 비롯한 해외 제품뿐이고 미국 제품은 거의 찾아볼 수가 없어."

"제조업이 국가의 뼈대라고 생각해. 젊은 엔지니어를 육성하지 않고도 미국의 장래가 괜찮을까? 주정부는 해결 못 해. 다름 아닌 연방정부를 움직이는 대통령이 이 문제에 대해 말해주길 바라. 트럼프는 제조업을 부활시키겠다고 공약했어. 현 상태를 이해하고 해결하기 위해 움직일 만한 의욕이 그에게 있길 기대해."

그런 이야기를 하고 있었는데 때마침 근처에 공장 경영자가 줄 서 있었다. 브루스가 그에게 말을 걸어 주었다. "일본에서 온 기자에게 미국 제조업에 대해 얘기해주지 않겠나? 경영자의 관점을 말해주려면 당신이 딱이야."

종업원 46명이 있는 공장을 경영하는 게리 살저였다. 그의 이야기는 흥미로웠다.

"지금 새롭게 기술자를 모집 중인데 모이질 않아. 응모자는 있는데 수준 미달이야."

게리 살저의 공장. 대형 공작 기계는 대부분 일본제였다

각지의 '트럼프 왕국'에 "좋은 일자리가 없다"고 한탄하는 노동자는 많았지만 "원하는 인재가 없다"는 목소리는 처음이라 신선했다.

"오바마는 연설은 아름답게 하지만 제조업을 위해 성과를 낸 게 있나? 이젠 워싱턴을 뒤흔들 후보자가 필요해. 주류파한테도 거침없는 아웃사이더라서 트럼프를 지지하는 거야. 자세하게 설명해줄 테니 공장에 한번 와봐."

공장을 취재할 기회가 찾아왔다. 기쁜 마음으로 방문하기로 했다. 공장은 농촌지대에 위치하고 있었다. 부모님의 농가를 이을 생각이었는데, 30년 전 단과대학에서 시작했던 기계를 만지는 취미에 푹 빠져 취미가 본업이 되고 말았다.

안전모와 고글을 쓰고 공장을 돌았다. 공장에는 대형 공장 기계가 주르륵 늘어서 있었고 기계에는 담당자가 각각 붙어 있었다. 게리는 각 담당자에게 지시를 내리며 걸어갔다. 설계도를 보며 조언을 해주기도 했다. 나도 들여다봤지만 설계도는 하나같이 복잡해 보였다. 기계 조작 패널은 모두 모니터 화면으로 돼 있었는데 그것도 마찬가지로 어려워 보였다.

대충 한 바퀴를 둘러본 후 게리가 말했다. "작은 공장이지만 우리가 하는 일은 난이도가 높아. 이 부지 내에 저임금 일거리는 없어. 우리는 용접공도, 기계오퍼레이터도, 엔지니어도, 모두 일류 기술과 경험을 갖고 있고, 구조가 복잡한 부품을 소량 제작해. 대량 생산하고는 달라. 고도의 기술이 집약된 고품질 제품이라서 중국과 멕시코는 따라올 수 없어. 그래서 전미의 기업에서 주문이 밀려들지. 우리 같은 전문 공장을 사람들은 '주문 제작 공장Job Shop'이라고 불러. 즉 멕시코 등 해외로 나간 건 제조업의 간단한 부품이고, 고도의 기술을 필요로 하는 일거리는 지금도 국내에 남아 있어. 설계도를 이해하고, 소재의 특성을 구분할 수 있고, 대형 기계를 혼자서 조작할 수 있는 숙련된 기술공이면 이런 일도 할 수 있지."

이렇게 화제는 직업 훈련과 교육으로 바뀌었다.

"장래에 관한 가장 큰 걱정은 미국이 여기서 일할 만한 숙련된 기술공을 육성하고 있는가 하는 문제야. 난 오늘 당장이라도 최소한 2~3명은 고용하고 싶어. 광고도 냈지만 기능에 적합한 인재를 찾을 수가 없는 형편이야. 고도의 기술이 있으면 제조업은 국내에 머물 거야. 일본도 비슷한 상황이지 않나?"

기술의 차이

"과거 제조업처럼 봉급이 괜찮은 일거리가 없어"라고

한탄하는 노동자와, "필요한 기술을 갖춘 노동자를 찾을 수가 없어"라고 한탄하는 공장 경영자가 같은 러스트벨트에 있고 똑같이 트럼프 후보를 지지한다.

미국의 두터운 중류 계급을 뒷받침해온 제조업이지만, 세계화로 시장이 서로 연결되고 세계적 규모로 분업이 진행되면서 노동집약형 산업은 인건비가 높은 선진국에서 빠져나가고 있다. 제2차 세계대전 후 약 1,200만 명(1945년 10월)이었던 전미 제조업 고용자 수는 증감을 반복하며 상승해 1979년 약 1,950만 명으로 최고조에 달했다. 그 후 하락세를 그렸고 2000년에는 약 1,700만 명, 2016년에는 약 1,200만 명으로 감소했다. 즉 세계대전 직후의 규모로 돌아간 것이다.

고용이 감소했을 뿐 아니라, 브루스와 게리가 강조한 것은 현재 미국에서 제조업 관련 분야에 취직하는 데 필요한 지식과 기술 수준은 옛날에 비해 훨씬 높아졌기 때문에 고등학교를 졸업한 수준으로는 힘들다는 것이었다. 제조업에서 서비스업으로의 고용 전환도 착실하게 진행되고 있다. 선진국에서 먹고살 수 있는 기술은 점점 고도

화될 뿐 아니라 기술 혁신에 맞추어 변하기 때문에 모든 선진국은 소위 '기술의 차이skill gap' 문제에 직면해 있을 것이다.

"고등학교를 졸업하면 중류 계급이 될 수 있었다!"는 시대는 이미 특정한 시기에 특정한 국가에서 일어났던 기적으로 이해하는 편이 좋을 것이다. "고용을 회복하겠다!"고 단언한 트럼프가 대통령이 되더라도 과거와 같은 시대는 돌아오지 않으리라.

이는 물론 게리도 지적한 바와 같이 일본에도 공통되는 과제이다.

내가 오사카에서 교육담당 기자로 근무했을 시절(2011~2013년) 부회의에서도 젊은이가 먹고살 수 있는 교육을 어떻게 실현할 것인가를 두고 논의했었다. 어느 고등학교 진로지도 교사는 지역 기업을 순회하며 채용 정보를 수집해 취직희망자와 연결해주고 있었다. 대졸자도 취직이 어려운 시대에 취업률 100%를 달성한 그 교사도 "진로 지도가 해마다 어려워져요. 고등학교 졸업과 첫 취직이 연결되더라도 그 업계 그 회사에서 계속 먹고살 수 있을지는

저도 알 수가 없어요"라고 패밀리 레스토랑에서 진행했던
취재에서 그렇게 말했다.

세계화의 승자와 패자

대통령 선거 기간 중에 세계화의 승자와 패자를 한 장
의 지도에 표시한 그래프가 화제가 됐다.

전 세계은행 경제전문가economist 블란코 밀라노비치
Branko Milanovic가 작성한 일명 '코끼리 그래프'이다. 지구
상에 있는 사람의 소득을 왼쪽에서부터 낮은 순에서 많
은 순으로 열거했다. 100분할하여 1988년부터 2008년까
지 각각의 실질 소득 상승률을 그래프로 표기한 후 선으
로 연결했다. 그러면 오른쪽을 바라보고 하늘을 향해 코
를 치켜세우고 있는 코끼리의 형상이 된다.

가장 상승률이 높았던 사람은 소득을 최대 약 80% 늘린
코끼리의 등에 해당하는 사람들(A부분)이다. 여기에는 중국
과 인도 등 신흥국 중류 계급이 많이 포함된다. 그다음으
로 상승률이 높았던 사람은 가장 오른쪽 끝에 위치한 세

계의 초부유층으로 그들도 약 60%를 늘렸다(C부분).

미국 대통령 선거 당시 가장 주목을 받은 것은 코끼리의 코가 땅바닥에 닿은 B부분이었다. B부분의 10명 중 7명은 선진국의 중류 이하 사람들이다. 세계화로 신흥국 노동자(A부분)와의 국경을 초월한 경쟁에 밀려 20년간 소득이 거의 증가하지 않았다.

물론 이 그래프가 나타내는 것은 상승률이고, 소득의

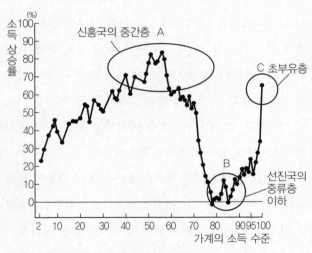

코끼리 그래프 (출처) 그래프 작성자 블란코 밀라노비치의 기사

절대 액수가 아니다. 소득의 액면만 비교하면 지금도 선진국의 중류가 신흥국의 중류보다 수입이 많지만, 성장률에서는 뒤졌다. 세계화로 소득이 늘어난 '승자'는 신흥국의 중류와 세계의 부유층이고, '패자'는 선진국의 중류 이하와 그래프의 제일 왼쪽, 코끼리의 꼬리에 위치하는 빈곤층임을 보여준다.

트럼프가 취한 것은 미국 B부분의 불만이다. 영국의 EU 탈퇴를 지지했던 사람들도 똑같은 영역에 위치한다. 내가 오사카에서 취재했던 진로 지도 교사가 고민하는 대상도 일본의 중류층이다.

나는 뉴욕에서 국제연합본부의 취재도 담당하고 있다. 때마침 트럼프가 여론 조사에서 1위로 뛰어올랐던 2015년 7월, 국제연합은 「전 세계 10억 명 이상이 극도 빈곤 상태에서 빠져나왔다」는 보고서를 공표했고, 나도 「전 세계 빈곤율, '1990년 대비 절반'」이란 제목의 기사를 도쿄로 보냈다. 전 세계적으로 하루 생활비가 1.25달러(약 1,400원) 미만인 '극도 빈곤' 상태에 있는 인구는 1990년 약 19억 명에서 2015년 8.3억 명으로 감소했고, 전체 인구에서 차지하는 비율도 1990년 36%에서 12%로 하락할 전망이라는 내용이었다.

극도 빈곤 상태에서 탈출한 10억 명에는 중국과 인도 등 신흥국 중류가 많이 포함되어 있다. 경제 성장 덕분에 동아시아 극도빈곤자 비율은 1990년 61%에서 4%로, 남아시아가 52%에서 17%로 감소할 것이라고 한다. '코끼리 그래프'에 표기하자면 A부분 사람들이다. 그들이 만든 상품이 전 세계로 팔려나갔고 경제 성장으로 이어졌다. 이것은 국제 사회의 희소식이다.

다만 이번 미국 대통령 선거 때는 B사람들의 목소리가 컸다. 전 세계 선진국에는 B에 해당하는 사람들이 있다. 그들의 불만은 어디를 향할 것이며 어떤 지도자를 선택할 것인가. 그 지도자는 지지자의 불만에 어떻게 대응할 것인가. 2017년 이후로도 '이변'에서 눈을 뗄 수 없을 듯하다.

포퓰리즘의 배경

선진국에서 고용이 불안정화되고 있다. 이 난제에는 명

쾌한 해답이 없다. 기술의 차이에 대처하기 위해 고등학교와 대학교를 졸업한 후에도 직업 훈련을 받을 수 있는 제도를 마련하는 것이 중요하다고 지적한다. 그러나 어떤 분야의 기술이 미래에도 지속적으로 필요할지를 가늠하는 것은 쉬운 일이 아니다. 이와 같은 큰일을 정부(행정)가 해낼 수 있을까. 어려울 것이다. 또 시장에 맡겨놓는 것만으로도 해결되지 않는다.

아무도 모르기 때문에 스스로 생각해 결정할 수밖에 없다. 그러나 아무리 생각한들 큰돈을 들여 우수한 교육 컨설턴트라도 고용한다면 이야기가 달라질지 모르겠으나 일반 가정에서는 그렇게 하기 힘들다. 제1장에서 소개한 러스트벨트의 전직 철강맨 조의 차녀(14)에게 내가 "장래 희망이 뭐니?"라고 물으니 "의료 관련이요"이라고 대답했었다. 의료계 업무는 제조업처럼 해외로 나갈 일도 없기 때문이라고 했다. 중학생이 거기까지 생각하고 있다는 사실에 나는 놀랐다. 옆에서 어머니 캐롤이 "물리치료를 전공한 큰 애의 진로 선택지를 보고 영향을 받은 모양이에요"라며 웃었다.

대화를 듣고 있던 조가 투덜거렸다. "의료! 의료! 언제까지 학교를 다녀야 하는지는 아냐? 졸업할 때가 되면 빚이 10만 달러(약 1억 1,000만 원)에 달한다고!" 조는 대학을 다니고 있는 둘째인 장남의 장래가 무척 걱정이다.

내가 만난 트럼프 지지자는 이처럼 일본 어디에나 있을법한 평범한 가정의 아버지와 구직 활동으로 마음 졸이는 젊은이였다.

세계화와 기술 혁신이 내일의 고용에 어떤 영향을 끼칠지 알 수 없다. 고등학교 진로 지도 교사도 영 자신이 없는 듯했다. 노동자의 권리를 지켜야 하는 노동조합도 약체화됐고 가입자 수도 점점 줄고 있다. 노동자의 권리 보호를 부르짖는 정당의 목소리도 작아지고 있다. 아메리칸 드림을 믿기에는 현실이 너무 각박해졌고 동화작가 엘저의 입신출세 이야기에서도 전혀 현실감을 느낄 수가 없다.

고도성장기와 산업화 시대를 특징짓던 예측 가능한 삶이 불가능해졌다. 한 사람 한 사람이 국경을 초월한 경쟁과 보다 큰 불확실성 속에서 불안을 안고 살아가고 있다. '트럼프 왕국'의 취재를 통해 나는 그런 생각을 하게 됐다.

"미국을 다시 위대하게 만들자!", "옛날처럼 큰 꿈을 그리자!" 유명인 트럼프가 목청껏 소리치는 단순하고 낙관적인 메시지는 그런 불안 속에서 달리 의지할 존재를 찾지 못하는 사람들에게 환영받았다. 도저히 제어할 수 있을 성싶지 않은 세계화가 선진국에 퍼져 있는 포퓰리즘Populism(일반 대중의 이익 및 권리, 소망, 불안 및 공포를 이용해 대중의 지지하에 기존의 엘리트주의적 체제 및 지식인에 대항하려는 정치사상을 이른다. 대중주의, 민중주의, 혹은 부정적인 의미를 담아서 중우정치라고도 한다-역자 주)의 공통 배경에 있는 것이 아닐까.

비관적인 예측

앞서 '코끼리 그래프'를 작성한 밀라노비치는 2016년 저서에서 부유국 중류 계급의 경제적 압박은 자동화 및 기계화와 세계화에 의해 야기되며 아직 끝나지 않았다고 설명했다. 그리고 다음과 같은 비관적인 장래상을 제시했다.

'이 압박은 서방 사회를 두 그룹으로 한 번 더 분단시킬 것이다. 정점에 있는 대단히 성공한 부유층과, 그 외 로봇

이 대체할 수 없는 인간 노동 분야에서 부유층에게 서비스를 제공하는 일을 하는 압도적 다수의 인간 집단이다.'

'교육은 장래 일어날 일에 큰 차이를 만들지 못할 것이다. 왜냐하면 많은 부유국에서 양적인 교육(교육 기간의 길이)은 이미 상한선에 도달했고, 제공될 수 있는 학교 교육의 질도 마찬가지일지 모르기 때문이다. 또 서비스 산업 노동자는 그 일이 필요로 하는 수준 이상의 능력과 학력을 이미 갖고 있기 때문이다.'(『Global Inequality: A New Approach for the Age of Globalization』, 2016)

그렇다면 선진국의 장래는 어떻게 될까.

밀라노비치는 더욱 혹독하게 예측한다. 이 두 그룹에 속하는 사람의 능력 차이는 사실 미미하고, 그렇기 때문에 부유층이 되기 위해서는 그 사람의 가정환경과 운이 지금까지보다 더욱 중요한 열쇠로 작용하게 될 것이라고 한다. 부유하고 교육을 잘 받은 부모 밑에서 태어난 아이는 부모가 설정해준 '돈을 잘 버는 일자리에 취직하기'란 목표를 향해 유소년기에 스타트를 잘 끊을 것이라고 말한다.

그러나 각광 받고 있는 경제전문가의 예측에 지나지 않

는다. 이쯤 되면 나로서는 타당성조차 판단할 수 없지만 그 아이의 인생이 행복할지 아닐지는 다른 문제라고 생각한다.

반성에서 무엇이 탄생할까?

2016년 11월에 트럼프가 당선된 후 1998년에 출판됐던 책 한 권이 주목을 모았다. 그 책의 한 구절이 트위터를 통해 확산됐던 것이다. 조금 길지만 확산된 부분을 인용하겠다.

> 노동조합 조합원과 노동조합에 가입되지 않은 미숙련 노동자는 자국 정부가 임금 하락도 막으려 하지 않고, 일자리의 해외 유출도 막으려 하지 않는다는 것을 늦든 빠르든 알게 될 것이다. (중략) 거의 동시에 노동조합 조합원과 미숙련 노동자는 교외에 사는 화이트 컬러—그들 자신도 삭감될 것을 몹시 두려워하는—가 타인의 사회보장 수당을 지급하기 위한 납세는 꺼려한다는 것을 알게 될 것이다.

그 시점에 무언가가 붕괴될 것이다. 교외에 살 수 없는 유권자는 그 제도가 파탄 났다고 판단하고, 투표할 만한 유력자—자신이 선출되면, 독선적이며 편협한 관료, 교활한 변호사, 고액 연봉을 받는 채권판매원, 포스트모더니즘 교수 등이 지배하는 일이 더는 없을 거라고 교외에 살 수 없는 유권자 스스로 확신하게 만들려는 자—를 찾기 시작할 것이다. (중략)

일어날 법한 일, 그것은 40년간 흑인 미국인과 황색 미국인, 동성애자가 획득한 이익이 마치 없었던 일처럼 돼버리는 것이다. 여성에게 농담 삼아 경멸적인 발언을 하는 것이 다시금 유행할 것이다. (중략) 교육을 받지 않은 미국인이 자신이 취해야 하는 태도에 대해 대학졸업자에게 지시받는 데서 느끼는 온갖 분노가 배출구를 찾게 될 것이다.(『미국, 미완의 프로젝트アメリカ未完のプロジェクト』, 리차드 로티Richard McKay Rorty, 오자와 데루히코小澤照彦 역, 고요쇼보晃洋書房, 2000년. 원제-Achieving Our Country: Leftist Thought in Twentieth Century America)

철학자 로티(고인, 전 스탠퍼드대학 교수)가 남긴 문장이다. 중간 중간 생략된 형태로 나돌며 트럼프 당선에 관한 예언으로 화제가 됐다. 번역문에 있는 '유력자'의 원문은 스트롱맨strongman으로 협박과 폭력으로 통치하는 지도자란 뉘앙스를 지닌다. 선거 기간 동안 트럼프를 묘사하는 말로 자주 사용됐다. 구미에서는 러시아 대통령 푸틴Vladimir Vladimirovich Putin을 설명할 때 자주 사용하는 단어이다.

이 저서에서 로티는 눈앞의 노동문제를 외면해왔다며 미국의 좌파 지식인을 통렬하게 비판한다. 경제적 격차와 불안으로 노동자가 고민하고 있는데 그들은 NAFTA의 시비와 격차에 대해 말하길 꺼리며 그것을 '팻 뷰캐넌Patrick Joseph Pat Buchanan 같은 품위 없는 선동 정치인에게 맡겨버렸다'고 지적한다. 뷰캐넌은 1992년 대통령 선거 때 트럼프와 마찬가지로 '미국제일주의'를 슬로건으로 내걸고 자유 무역과 불법 이민자를 공격함으로써 일시적으로 인기를 모았던 정치인이다.

세계화에 대해서도 로티는 '세계 경제는 (중략) 어느 나라 노동자하고도 공동체를 형성하려는 생각 따위 하지 않는 국제적 상류 계급에 의해 곧 소유 및 지배될 것이다', '미국은 (중략) 고등교육을 받고 돈을 들여 말쑥하게 옷을 차려입은 25%의 상류 계층에 의해 지배될 것이다'라며 우려를 표명했다. 1970년대에 미국 중류 계급의 이상이 벽에 부딪혔는데, 민주당은 '노동조합을 멀리하고 더는 부의 재분배를 화제로 삼지 않으며 "중도"라고 불리는 불모의 진공지대로 이동하는 것으로 목숨을 부지했다'고 비판했다.

그리고 로티는 가령 국가가 시대에 뒤처진 것처럼 보이더라도, 좌파는 여전히 사회보장제도의 운영을 결정하는 존재이므로, '고통을 견디고 있는 현실 사람들이 살고 있는 현실 국가의 법률을 변경하는 제안'과 '시장 경제 구조 속에서 하나하나 개량해 나가는 일'로 되돌아가야 한다고 주장했다.

앞의 트위터 내용도 좌파가 고용과 임금을 비롯한 경제 문제에 진지하게 착수하지 않으면 머지않아 반동 정치인이 탄생할 것이란 경고였다.

이 경고는 적중했다. 인용 후반 부분에 나오는 소수파의 권리 획득 등 40년간의 행보가 후퇴하는 모습은 보고 싶지 않다. 이 로티의 서적 다시 읽기를 비롯하여 미국에서 다양한 '반성'이 시작되고 있다.

2017년 이후 이들 반성에서 새로운 사상과 시도가 탄생할 것이다. 밀라노비치가 예측한 그런 사회로 만들지 않기 위한 시도가 각지에서 시작될까. 기자로서 그러한 동향에도 주목하고 정확하게 전달하고 싶다.

물론 로티의 경고는 미국에 한정된 이야기가 아니다. 일본 미디어가 격차와 빈곤에 대해 보도하기까지는 무척 긴 시간이 필요했다. 세계화된 현대 사회에 미국의 이변은 강 건너편에 난 불이 아니다. 선진국 중류 계급의 장래와 이상적인 재분배 방법문제를 내 일이라고 생각할 필요가 있다.

에필로그
—— 대륙 정중앙의 승리

비가리노 형제가 그린 전미 지도.
북미 대륙 중앙부를 빨간색 공화당 컬러로 색칠했다

2016년 11월 9일 미명, 전 세계를 놀라게 할 결과가 나왔다.

「미대통령으로 트럼프 당선」, 「기성 정치 비판, 지지를 모으다」
(11월 10일자 아사히신문 조간 1면)

「권력을 향한 분노, 이단의 난」, 「정치에 소외감, 백인 '파괴를!'」
(동同신문 2면)

나는 트럼프의 승리를 전하는 기사를 동료와 함께 밤새 작성하고 수도 워싱턴에서 다시 오하이오주 지라드로 향했다. 여러 차례 드나들었던 바에 가자 여느 때의 면면들이 트럼프의 승리에 취해 있었다.

그런데 갑자기 점내가 술렁이기 시작했다. TV에서 '반 트럼프' 시위행진 장면이 나왔기 때문이다. 술에 취한 트럼프 지지자들이 일어나 TV 화면에 대고 욕설을 퍼붓기 시작했다.

"집에나 가! 네놈들은 졌어!"

"승리한 건 트럼프야! 너희는 루저다!"

TV 화면에 나오는 것은 많은 학생과 젊은이의 모습이었다. 이에 대해서도 트럼프 지지자들은 격하게 반응했다.

"일도 안 하는 너희 학생이 뭘 알아?"

"엄마가 기다리는 집에나 가라!"

전에 취재했던 용접공 토마스 비가리노(제3장 참조)는 새빨개진 얼굴로 말했다.

"봐! 봐! 시위가 일어난 데는 뉴욕이잖아? 필라델피아 Philadelphia잖아? 거기다 로스엔젤레스! 하나같이 대도시라고!"

토마스는 내 노트에 전미 지도를 그리기 시작했다.

"동해안에는 정치인하고 대기업, 은행, 매스컴이 있고, 서해안에는 할리우드 배우하고 실리콘벨리가 있지. 양쪽 다 자유주의 민주당 지지자고, 물가 높은 도시에서 밤마다 파티를 벌이며 놀고 있지. TV가 전달하는 건 기득권층에 관한 것뿐이야."

그렇게 말하며 지도 양쪽에 엑스 표시를 하고 민주당의

블루칼라로 색칠했다. 이번에는 공화당 컬러인 빨간색 펜을 들고 지도의 남은 부분을 모조리 새빨갛게 칠했다.

"대륙의 정중앙이 진정한 미국이야. 철을 만들고, 식량을 키우고, 석탄과 천연가스를 채취해. 두 손을 더럽히고 땀 흘리며 일하는 건 우리 노동자인데, 이제 우리는 옛날 같은 중류 계급이 아니고 빈곤층으로 전락하기 직전이야. 이번 선거는 정중앙의 승리다!"

자세히 보니 오바마 대통령의 출신지 일리노이주Illinois 까지 정확하게 파란색으로 색칠해놓았다. 일리노이주에서는 이번에도 민주당의 클린턴이 승리했다.

토마스는 심호흡을 하고 말을 이었다.

"대륙 중앙에 사는 우리가 진짜 미국인이야. 기득권층은 외국에는 여행하러 가는 주제에 여기에는 안 와. '지루하다!', '아무것도 없어서 가기 싫다!'고 해. 대륙 중앙의 생활상 따위에 관심 없단 거지. 기득권층은 자기네가 우리보다 똑똑하다고 생각하지만 현실을 모르는 건 그 녀석들이다!"

"TV에 나오는 캘리포니아, 뉴욕, 워싱턴은 우리하고 달

라. 그건 가짜 미국이다. 루이비통 가방? 삭스 피프스 에비뉴New York Saks Fifth Avenue(뉴욕의 고급 백화점)에서 쇼핑? 그런 건 미국이 아니야. 모두가 영화로 보는 건 뉴욕하고 로스앤젤레스뿐이고, 우리에 대해선 아무도 몰라. 여기가 진짜 미국이다, 바보 자식들아!"

그러자 토마스의 쌍둥이 형 프랑크(42)가 와서 "지도가 좀 잘못됐네"라며 노트에 무언가를 덧그리기 시작했다. 멕시코 국경선 장벽이었다.

"트럼프가 아름다운 장벽을 세울 거야."

후기

　과거 1년간 취재했던 트럼프 지지자 목록을 다시 살펴보았다.

　트럭 운전기사, 카페 점원, 전기 기사, 전직 제철소 작업원, 도로 작업원, 용접공, 식육 가공장 작업원, 호텔 객실 청소원, 전직 국경 경비병, 트레일러하우스 관리인, 간호사, 건설 작업원, 전직 가전제품 제조라인 종업원, 우편배달부……

　집회와 바 등에서 말을 걸어 취재한 지지자는 세어보니 14주에서 약 150명에 이르렀다. 본서에 등장하는 사람은 모두 지방에 사는 보통 미국인이다. 그들과의 대화를 되돌아보니 하루하루 생활을 위해 필사적으로 일하는 사람, 일해온 사람이 많다는 것을 알 수 있었다.

　기자에게 취재 요청을 받은 것은 처음이라는 사람뿐이었다. 그들 입장에서 나는 해외 미디어 기자에 불과하다.

그런데도 "내 의견이 듣고 싶다고?", "긴 이야기를 들어주어서 고마워!"라며 기뻐해주었다. 머지않아 알 수 있었다. 자신의 목소리를 아무도 들어주지 않는다. 자신의 생활상에 아무도 관심이 없다. 명백하게 비슷한 생각을 갖고 있는 사람이 많았다.

나는 트럼프가 아니라 문제투성이인 트럼프를 지지할 수밖에 없는 현대 미국에 흥미가 있었다. 저런 이상한 후보를 지지하는 사람은 대체 무슨 생각을 하는 걸까. 어떤 생활을 하고 있으며, 일본인인 내게 어떤 말을 할까. 일본에서 트럼프 뉴스를 보고 있는 사람들도 필시 고개를 갸웃거리고 있을 것임에 틀림없다. 그렇다면 그것이 특파원이 해야 할 일이라고 생각했다.

기자가 취재하는 방법에는 2가지가 있다. 효율성을 고려해야 할 때는 리서치를 통해 어느 정도 목표를 압축한 다음 현장에 돌입한다. 단, 취재하기 전에 미리 '이런 기사를 써야겠다!'고 정해놓기 때문에 예상했던 수준에 머무르며 기사에 의외성이 나타나지 않는다. 다른 하나는 별다른 계획을 세우지 않고 현장에 돌입하는 방법이다. 시간이 많이 든다. 자신이 묻고 싶은 것은 적당 수준에서 자제하고 상대의 페이스에 맡긴다. 그냥 거리를 걸어본다. 그러면 예상 밖의 이야기도 듣게 되고 만남의 폭도 넓어진다. 본서에는 후자의 방법으로 취재한 내용을 많이 실었다.

미국 대통령 선거에 관한 서적은 일본에도 다수 출판되어 있지만 본서의 특징은 뉴욕 특파원 기자가 트럼프 지지자들과 1년 동안 교제하며 밀착 취재했다는 점에 있다.

대통령 선거가 본격화된 2015년 9월, 취재반은 각자의 생각을 공유하기로 했고 나도 동료에게 메일을 보냈다. 여러 가지 내용을 썼지만 제일 첫 항목에는 다음과 같이 적었다.

테마=격차 · 중류 계급의 붕괴, 아메리칸 드림은 지금 어떤 상황인가?
취지=일본에서도 널리 읽힌 『워킹 푸어―미국의 하층 사회The Working Poor: Invisible in America』와 『빈곤의 경제―미국의 하류 사회의 현실Nickel and Dimed』가 출판된 지 10~15년이 됐다. 이번 달에 출판된 주목할 만한 서적의 제목은 『하루 2달러로 살기$2.00 a Day: Living on Almost Nothing in America』이다. 이는 세계가 정의하는 '극도 빈곤'에 가까운 수준이다. 점점 벌어지기만 하는 미국의 격차를 그리고 있다. 임금 격차의 확대를 비롯하여 특히 계층간의 이동 정체(기회 격차)에 초점을 맞추고 있다. "태생은 관계없다. 기회와 노력 여하에 따라 억만장자도 대통령도 될 수 있다"던 미국을 견인해온 아메리칸 드림은 지금 어떻게 됐는가? 도입은 르포에서.

이 메일에 쓴 것을 실천하고자 아메리칸 드림의 행방을 1년간 탐색했다. 결과적으로 트럼프 지지자를 취재하는 것으로 이 테마에 착수했다. 취재 개시 후에는 '빈곤'하기보다는 여전히 풍족함이 남아 있는 '중류 계급'이 많다는 것을 알고 궤도를 수정하기도 했다. 그들은 이대로 가간 빈곤층으로 전락할 것이란 위기감을 느끼고 있었다.

본서에는 트럼프의 당선 결정타가 됐던 미중서부 '러스

트벨트'의 목소리가 많이 담겨 있다. '대통령 선거의 열쇠를 쥐고 있는 곳은 러스트벨트!'란 생각으로 처음으로 현장을 찾았던 것은 2015년 12월 27일이었다. 겨울 휴가 일주일간 펜실베이니아주와 오하이오주를 돌았고 장기 취재의 거점을 정했다. 본서의 주요 무대가 된 오하이오주 동부가 마음에 들었던 것은 결국 사람과의 만남이 그 이유였다. 그들 대부분 노동자였고, 성실하고 배려심 있는 사람들이었다. 그들과의 만남이 없었다면 본서도 없었을 것이다.

취재하면서 깨달은 것은 일본에서도 비슷한 목소리를 들었다는 것이다. 2003~2006년에는 위장 청부 피해를 입은 비정규직 노동자를, 2007~2008년에는 장거리 트럭 운전기사를, 2012~2013년에는 중년 은둔형외톨이를 둔 부모를 취재했었다. 생활이 전혀 나아지지 않는다는 점과 차세대가 살기 힘들어진 세상을 걱정하는 사람들이었다.

일본도 '학교'에서 '직장'으로의 이행이 어려워진 지 20년이 넘었다. "옛날에는 고등학교, 대학교를 졸업하면 바로 일자리를 구할 수 있었는데……"라던 트럼프 지지자들의 목소리는 그대로 일본에서 취재했던 사람들의 목소리와 겹쳐졌다. 양쪽 모두 세계화와 기술 혁신이 동시에 진행되고 있는 선진국의 중류 계급이다. 그렇게 생각하자 여러 가지 면에서 연관성이 있어 보였다.

많은 분께서 도와주셨습니다. 해외 미디어 기자인 제 취재에 친절하게 응해주신 한 분 한 분께 감사드립니다. '트럼프 왕국' 기사가 처음으로 아사히신문 디지털 웹에 게재된 것은 2016년 4월 23일입니다. 시행착오를 반복했지만 독자 여러분께서 인터넷상에 남겨주신 긍정적인 반응이 큰 격려가 됐습니다.

대학교 시절 은사님이신 구보 후미아키 교수님(당시 게이오 慶應義塾대학, 현재 도쿄대학)께 지금도 미국의 매력에 대해 배우고 있습니다. 졸업하고 16년 후 대통령 선거 현장에 동행할 수 있으리라고는 상상도 못 했습니다. 뉴욕에서 알게 된 홋카이도北海道대학의 스즈키 가즈토鈴木一人 교수님께서도 귀중한 조언 말씀을 해주셨습니다. 동료에게도 많은 도움을 받았습니다. 아사히신문 뉴욕지국의 조수 타마라 엘와 일리 씨가 없었다면 국제연합과 대통령 선거 취재의 양립이 불가능했을 것입니다.

이곳저곳으로 출장 가는 것을 허락해주신 야마와키 다케시山脇岳志 미국총국장님과 마나베 히로키真鍋弘樹 뉴욕지국장님, 취재 보고를 재미있게 들어준 대통령 선거반의 사토 다케쓰구佐藤武嗣 주임님과 재미 동료 여러분, 도쿄에서 원고를 봐주었던 국제보도부 토사 시게키土佐茂生 데스크와 디지털 편집부 아리마 히로키有馬央記 데스크⋯⋯. 좋은 취재 상대를 만났고 훌륭한 동료와 상사가 곁에 있어 기쁘게 생각합니다.

또 이와나미서점의 시마무라 노리유키島村典行 씨는 적확한 지도로 본서가 완성되기까지 이끌어주셨습니다. 마지막으로 전혀 고향에 가지 못하고 있는 장남을 지켜봐주시는 부모님과 여동생, 주말에 '트럼프 왕국'을 취재하는 것을 이해해준 아내에게도 감사의 말을 전합니다. 교열과 구성 면에서도 가족의 도움을 받았습니다.

후기를 쓰고 있는 지금도 세계는 트럼프 쇼크로 요동치고 있습니다. 트럼프 대통령이 이끄는 미국은 앞으로 어떻게 될까요. 앞으로도 '트럼프 왕국'을 비롯하여, 현장에서 기사를 전해드리기 위해 노력하겠습니다.

2016년 12월 23일
뉴욕 국제연합 기자 클럽에서
가나리 류이치

역자 후기

  본서는 트럼프가 대통령으로 당선된 2016년 미국 대통령 선거를, 투표일로부터 약 1년 전인 2015년 12월부터 1년에 걸쳐서 뉴욕 특파원 기자가 취재한 결과 보고서이다. 경합주였던 러스트벨트와 애팔래치아 산맥을 중심으로 총 14주洲에서 인터뷰한 사람들의 생생한 목소리가 담겨 있다. 우리가 영화나 미국 드라마 등 미디어를 통해 흔히 접하는 뉴욕이나 수도 워싱턴, 로스앤젤레스, 샌프란시스코 등의 대도시와는 전혀 다른 미국의 이야기이다.

  '미국은 세계의 중심, 초강대국, 전 세계를 쥐락펴락하는 나라'라는 이미지와 달리, 그들의 고민은 현재 한국인이 품고 있는 고뇌와 다르지 않다. 좋은 직장에 취직하는 것을 목표로 죽어라 공부했지만 졸업 후 취업이 되지 않아 고민하는 젊은이, 안정적인 직업의 멸종, 평생직장으로 알고 충성했던 회사에서의 실직, 부도, 파산 등 시시각각으로 변하는 이 시대 이 나라에서 어떻게 하면 살아남을 수 있을까, 먹고살아갈 수 있을까로 노심초사한다.

트럼프는 이민자와 여성, 신체장애자, 이슬람교도에게 모욕적인 언동을 반복했고, 구체적인 해결책 또한 그 무엇 하나 제대로 제시하지 않았지만, 좌우간 불안에 떨고 있는 그들에게 큰 소리로 '고용'과 '희망'을 공약했다.

취임식 날 당일에 바로 2020년 대선 선거운동개시 신고서류를 연방선거관리위원회에 접수시킨 그가, 앞으로 기존 정치인과는 다른 어떤 행보로 미국인의 기대에 부응할지 나 역시 딱 1기 4년 동안만 지켜보고 싶은 마음이 들었다. 미국의 재채기가 세계와 한국의 감기가 되지 않길 바라며, 본서가 괴물 트럼프를 지지할 수밖에 없는 미국의 상황을 이해하고, 한국의 장래에 대해서도 생각해보는 계기가 되길 바란다.

2017년 7월
옮긴이 김진희

【부록】 CNN 출구조사 결과(초록)

(응답자 수 24,558명)

	클린턴	트럼프	기타/무응답
성 별			
남자(47%)	41%	52%	7%
여자(53%)	54%	41%	5%
연 령			
18~29세(19%)	55%	36%	9%
30~44세(25%)	51%	41%	8%
45~64세(40%)	44%	52%	4%
65세 이상(16%)	45%	52%	3%
인 종			
백인(71%)	37%	57%	6%
백인 이외(29%)	74%	21%	5%
학 력			
고등학교 졸업 및 그 이하(18%)	46%	51%	3%
대학교 중퇴(32%)	43%	51%	6%
대학교 졸업(32%)	49%	44%	7%
대학원(18%)	58%	37%	5%
남녀별 백인의 학력			
백인 여성 중 대졸자(20%)	51%	44%	5%
백인 여성 중 학위 없음(17%)	34%	61%	5%
백인 남성 중 대졸자(17%)	39%	53%	8%
백인 남성 중 학위 없음(16%)	23%	71%	6%
백인 이외(29%)	74%	21%	5%

	클린턴	트럼프	기타 / 무응답
수입			
5만 달러 이하(36%)	53%	41%	6%
5만 달러 이상(64%)	47%	48%	5%
국가가 직면한 가장 중요한 사항			
외교(13%)	60%	33%	7%
이민(13%)	33%	64%	3%
경제(52%)	52%	41%	7%
테러(18%)	40%	57%	3%
4년 전과 비교했을 때의 경제 상황			
지금이 더 좋다(31%)	72%	23%	5%
지금이 더 나쁘다(27%)	19%	77%	4%
지금과 동일한 수준(41%)	47%	45%	8%
국가가 나아가고 있는 방향			
옳은 방향이다(33%)	89%	7%	4%
길을 잘못 들었다(62%)	26%	68%	6%
차세대 미국인의 생활은?			
지금보다 좋을 것이다(37%)	59%	38%	3%
지금보다 나쁠 것이다(33%)	31%	63%	6%
지금과 동일한 수준(25%)	54%	38%	8%
주거 지역			
도시(34%)	60%	34%	6%
교외(49%)	45%	49%	6%
지방(17%)	34%	61%	5%

르포 트럼프 왕국 -어째서 트럼프인가-

초판 1쇄 인쇄 2017년 8월 20일
초판 1쇄 발행 2017년 8월 25일

저자 : 가나리 류이치
번역 : 김진희

펴낸이 : 이동섭
편집 : 이민규, 오세찬, 서찬웅
디자인 : 조세연, 백승주
영업 · 마케팅 : 송정환
e-BOOK : 홍인표, 김영빈, 유재학
관리 : 이윤미

㈜에이케이커뮤니케이션즈
등록 1996년 7월 9일(제302-1996-00026호)
주소 : 04002 서울 마포구 동교로 17안길 28, 2층
TEL : 02-702-7963~5   FAX : 02-702-7988
http://www.amusementkorea.co.kr

ISBN 979-11-274-0907-4 04300
ISBN 979-11-7024-600-8 04080

RUPO TORAMPU OKOKU
by Ryuichi Kanari
© 2017 by The Asahi Shimbun Company
First published 2017 by Iwanami Shoten, Publishers, Tokyo.
This Korean edition published 2017
by AK Communications, Inc., Seoul
by arrangement with Iwanami Shoten, Publishers, Tokyo.

이 도서의 국립중앙도서관 출판예정도서목록(CIP)은 서지정보유통지원시스템 홈
페이지(http://seoji.nl.go.kr)와 국가자료공동목록시스템(http://www.nl.go.kr/
kolisnet)에서 이용하실 수 있습니다. (CIP제어번호: CIP2017017888)

*잘못된 책은 구입한 곳에서 무료로 바꿔드립니다.